AF608875

Band 47

Schriften zum Notarrecht

Herausgegeben von der Deutschen Notarrechtlichen Vereinigung e.V. (NotRV)

Johannes Hager (Hrsg.)

Bestimmtheitsgrundsatz und Mehrheitsklauseln

Tagungsband

Nomos

Die Deutsche Nationalbibliothek verzeichnet diese Publikation in der Deutschen Nationalbibliografie; detaillierte bibliografische Daten sind im Internet über http://dnb.d-nb.de abrufbar.

ISBN 978-3-8487-3597-6 (Print)

ISBN 978-3-8452-7904-6 (ePDF)

1. Auflage 2016

Vorwort

Die Forschungsstelle für Notarrecht an der Ludwig-Maximilians-Universität München hat am 8. Juni 2016 eine Tagung mit dem Titel „Bestimmtheitsgrundsatz und Mehrheitsklauseln“ ausgerichtet. Dieser sowohl für die notarielle Praxis und die Gerichte als auch für die Wissenschaft bedeutsame und vielschichtige Themenkomplex wurde von den Referenten aus unterschiedlichen Perspektiven beleuchtet. Im ersten Vortrag beschäftigte sich Professor Dr. Carsten Schäfer aus Mannheim mit Mehrheitsklauseln und Minderheitenschutz in der Personengesellschaft. Anschließend referierte Dr. Simon Blath aus Würzburg zum Mehrheitsprinzip im GmbH-Recht. Die Schriftfassung der Referate soll mit diesem Tagungsband der Öffentlichkeit zugänglich gemacht werden.

Herausgeber und Referenten danken sehr herzlich der Landesnotarkammer Bayern und der Deutschen Notarrechtlichen Vereinigung e.V. für den großzügigen Druckkostenzuschuss, durch den die Publikation dieses Bandes erst ermöglicht wurde.

Professor Dr. Johannes Hager
Lehrstuhl für Bürgerliches Recht und Medienrecht
Ludwig-Maximilians-Universität München

Inhaltsverzeichnis

Mehrheitsklauseln und Minderheitenschutz in der Personengesellschaft – (kein) Ende der Verwirrung? – Konsequenzen aus BGH, Urt. v. 21.10.2014 – II ZR 84/13[1] –

Carsten Schäfer, Mannheim

I. Einführung

Im Zentrum des Vortrags steht ein jüngeres Urteil des BGH, das zunächst wenig aufregend erschien, aber überraschenderweise durch seine *obiter dicta* eine heftige Diskussion darüber ausgelöst hat, ob der II. Senat die sog. Kernbereichslehre zum Schutz von Minderheitsgesellschaftern aufgegeben

---

1 ZIP 2014, 2231.

habe und was davon zu halten sei. Der Fall betraf die Abtretung von Kommanditanteilen auf eine Familienstiftung, genauer die Frage, mit welcher Mehrheit in der Gesellschafterversammlung über eine solche Abtretung abzustimmen ist.

Bekanntlich geht das Personengesellschaftsrecht bei Beschlüssen zwar vom Einstimmigkeitserfordernis aus (§ 119 HGB, § 709 BGB), erlaubt aber ohne spezielle gesetzliche Schranken die Einführung von Mehrheitsklauseln. Es kennt nicht einmal zwingende Beschlussquoren für Vertragsänderungen, die Gesellschafter können vielmehr unstreitig auch insofern die einfache Mehrheit ausreichen lassen. Gerade deshalb stellt sich aber die Frage des Minderheitenschutzes besonders dringend, und eines ihrer Instrumente war jahrzehntelang der sog. Bestimmtheitsgrundsatz, der im Ergebnis zu einer restriktiven Auslegung von Mehrheitsklauseln führte. Aber die Frage war doch: *Sollte* der Schutz schon pauschal bei der (restriktiven) Auslegung einer Mehrheitsklausel ansetzen oder sich hierauf gar beschränken? Oder sollte er durch eine am konkreten Beschlussinhalt ausgerichtete materielle Kontrolle erfolgen?

Das so umrissene Thema ist ein aktueller Klassiker des Personengesellschaftsrechts, weil der II. Zivilsenat des BGH in jüngerer und jüngster Zeit bei der Auslegung von Mehrheitsklauseln bemerkenswerte Akzentverschiebungen vorgenommen hat, die mit dem als Grundsatzurteil eingestuften Judikat von 2014 ihren Abschluss finden. Zugleich hat die Entscheidung aber neue Fragen hinsichtlich der materiellen Kontrolle von Mehrheitsbeschlüssen aufgeworfen. Im Folgenden möchte ich den Minderheitenschutz gegen Mehrheitsbeschlüsse in vier Schritten erörtern: (1.) Kurzdarstellung der neuen Grundsatzentscheidung (unter II.), (2.) Bewertung der entscheidungserheblichen Aussagen (unter III.), (3.) Erörterung der Frage, ob der Senat obiter die für eine materielle Beschlusskontrolle geltenden Regeln verändert hat (dazu unter IV.) und schließlich Diskussion, unter welchen Bedingungen eine – nach der Kernbereichslehre bzw. § 707 BGB – erforderliche Zustimmung durch eine Zustimmungspflicht des Gesellschafters ersetzt werden kann (unter V.).

II. Zur Entscheidung BGH II ZR 84/13

1. Sachverhalt

Der vom Gesellschaftsrechtssenat entschiedene Fall ist insofern kurios, als sich der klagende Kommanditist einer GmbH&Co KG zur Hauptsache gegen die von dem anderen Kommanditisten geltend gemachte Pflicht zur unentgeltlichen Übertragung seines Anteils auf eine von beiden gegründete Schweizer Familienstiftung wendet, dies aber in einem Parallelprozess. Offenbar zur Vorbereitung dieser Übertragung veranlasste der zweite Kommanditist im Juli 2011 die nach dem KG-Vertrag erforderliche Zustimmung der Gesellschafterversammlung durch einfachen Mehrheitsbeschluss. Der Kläger wandte sich auch gegen diesen Beschluss und vertrat die Auffassung, dass eine Bestimmung des Gesellschaftsvertrages hätte zur Anwendung kommen müssen, wonach *Vertragsänderungen* der Einstimmigkeit bedürfen, weshalb die mit 90%-Mehrheit[2] gefassten Beschlüsse nichtig seien. Für alle Beschlussgegenstände außer Vertragsänderungen ließ der Gesellschaftsvertrag die *einfache* Mehrheit der vorhandenen Stimmen ausreichen.

Das Berufungsgericht (OLG Hamm) war der Meinung, dass zwar möglicherweise nicht über eine Vertragsänderung, jedenfalls aber über einen ungewöhnlichen, die Grundlagen der Gesellschaft betreffenden Gegenstand beschlossen worden sei. Gemäß Bestimmtheitsgrundsatz sei deshalb die allgemeine Mehrheitsklausel unzureichend und es bleibe beim Einstimmigkeitserfordernis. Dafür bezog es sich auf Passagen des früheren „Otto"-Urteils des BGH – zu Unrecht, wie der Senat jetzt klarstellt. Er hob das Berufungsurteil auf und verwies die Sache zurück, damit sich das Berufungsgericht erneut mit der (subjektiven) Auslegung des Gesellschaftsvertrages unter Berücksichtigung der Entstehungsgeschichte der Vertragsklauseln beschäftige, zu der es noch keine Feststellungen getroffen hatte.

---

2 Auf die Komplementär-GmbH entfielen 80 % der Stimmen, jeweils 10 % auf die beiden Kommanditisten.

2. Gründe

Eigentlich hätte der Senat, was die (Nicht-)Geltung des Bestimmtheitsgrundsatzes betrifft, kurzerhand auf die bereits unmissverständlichen Aussagen in einer Entscheidung von 2012 verweisen können.[3] Offenbar in Sorge um weitere mögliche Missverständnisse bei Instanzgerichten nutzt er die Gelegenheit aber, um nochmals in aller Deutlichkeit zu formulieren: „Dem früheren Bestimmtheitsgrundsatz kommt für die formelle Legitimation einer Mehrheitsentscheidung keine Bedeutung mehr zu“ (Leitsatz b] und Rn. 14). Es sei strikt zu unterscheiden zwischen der Auslegung einer Mehrheitsklausel, die den Mehrheitsbeschluss nur formell legitimiere, und einer materiellen Beschlusskontrolle. Die Geltung der Mehrheitsklausel habe demgemäß nichts zu tun mit den Anforderungen an die antizipierte Zustimmung des Gesellschafters zu einem Eingriff in ein unverzichtbares oder unentziehbares Recht (dazu unter IV.) oder zu einer nachträglichen Beitragserhöhung i.S.v. § 707 BGB (Urt. Rn. 19). Bei der Übertragung eines Gesellschaftsanteils handele es sich zudem nicht um die Änderung des Gesellschaftsvertrages, weshalb eine hierauf bezogene Mehrheitsklausel unanwendbar sei; dass der Gesellschaftsvertrag nach einer Anteilsübertragung redaktionell ggf. anzupassen sei, ändere daran nichts (Urt. Rn. 26 ff.).

3. Zur Rechtsentwicklung des Bestimmtheitsgrundsatzes[4]

Bevor ich zur Bewertung der entscheidungserheblichen Aussagen des Senats komme, noch eine kurze Standortbestimmung zum Bestimmtheitsgrundsatz: In die jahrzehntelange ständige Rechtsprechung des BGH wurde er schon 1952 durch eine Senatsentscheidung[5] eingeführt; sie unterschied hinsichtlich der Genauigkeitsanforderungen *drei Stufen*, nämlich (1.) Geschäftsführungsmaßnahmen, (2.) gewöhnlichen Vertragsänderungen und (3) ungewöhnlichen Vertragsänderungen (mit Auswirkungen auf die Mitgliedschaft der Gesellschafter). Für *Geschäftsführungsmaßnahmen* sollte eine einfache Mehrheitsklausel ausreichen, für *einfache Vertragsänderungen* eine allgemein auf Vertragsänderungen bezogene Mehrheitsklausel und

---

3 BGH, Urt. v. 16.10.2012 – II ZR 239/11, ZIP 2012, 515, 518, Rn. 15.
4 Die nachfolgenden Auffassungen beruhen auf *Schäfer* ZGR 2013, 237, 239 ff.
5 BGHZ 8, 35, 41 ff.

für *außergewöhnliche Vertragsänderungen*, z.B. die Auflösung der Gesellschaft, eine Klausel erforderlich sein, die sich explizit auf die jeweilige Maßnahme bezog, also etwa die Auflösung ausdrücklich erwähnte.

Der Bestimmtheitsgrundsatz war somit eindeutig eine gesellschaftsrechtliche Besonderheit, nämlich eine spezielle Regel zur restriktiven Auslegung von Mehrheitsklauseln; der Eindruck, es habe sich immer nur um eine Kategorie der allgemeinen Rechtsgeschäftslehre gehandelt,[6] entspricht nicht der Entwicklung der Rechtsprechung. Die Praxis reagierte erwartungsgemäß mit mehr oder weniger langen Katalogen „ungewöhnlicher Vertragsänderungen", um Mehrheitsentscheidungen auch insofern zu ermöglichen.[7] Eine echte Warnfunktion war damit freilich kaum verbunden, geschweige denn ein ausreichender Schutz gegen konkrete Beschlüsse, weshalb der Bestimmtheitsgrundsatz in der Literatur verbreitet kritisiert wurde.[8]

Wohl nicht zuletzt unter Eindruck dieser Kritik leitete der BGH schon 2007 eine Wende ein, und zwar mit seiner schon erwähnten „Otto-Entscheidung." Der II. Senat stellte darin erstmals unmissverständlich klar, dass es „einer minutiösen Auflistung der einzelnen in Betracht kommenden Beschlussgegenstände" nicht bedürfe, damit das Mehrheitsprinzip auch für Vertragsänderungen aller Art gelte. Es genüge vielmehr, wenn sich aus dem Gesellschaftsvertrag eindeutig ergebe, dass der in Frage stehende Beschlussgegenstand einer Mehrheitsentscheidung unterworfen sein solle. „Mit dieser Maßgabe", wie das Urteil formulierte, hielt es aber noch am Bestimmtheitsgrundsatz fest, und eben diese Formulierung verleitete das Berufungsgericht offenbar zu der Annahme, es gelte unverändert die Regel, dass allgemein formulierte Mehrheitsklauseln nicht auch ungewöhnliche Gegenstände erfassten. Es war ihm also völlig entgangen, dass schon in der nachfolgenden Entscheidung „Schutzgemeinschaft II" von 2008 nurmehr

6 Vgl. *Altmeppen* NJW 2015, 2065 ff. und in VGR, Gesellschaftsrecht in der Diskussion, Bd. 21, 2016, S. 59.

7 *Sudhoff*, Der Gesellschaftsvertrag der Personengesellschaften, S. 543; *Rieger*, in Münchener Vertragshandbuch, GesR, 4. Aufl. 1996, Form III, 10, § 27 Abs. 1; vgl. ferner *Hennerkes/Binz*, BB 1983, 713 f; *Röttger*, Die Kernbereichslehre im Recht der Personengesellschaften, 1989, S. 115 f; siehe auch *Martens,* DB 1973, 413, 416, der ausdrücklich eine „je für sich ausgeschriebene, den konkreten Beschlussgegenstand detailliert vorformulierende Vertragsbestimmung" fordert.

8 So schon *Rob. Fischer*, FS Barz, 1974, S. 32, 41 f; zustimmend *Ulmer* in MüKo-BGB, 2. Aufl. 1986, § 709 Rn. 74; *Leenen*, FS Larenz, 1983, S. 387, 389; *Hennerkes/Binz*, BB 1983, 714; *Wiedemann*, JZ 1983, 560; insoweit auch *Goette*, FS Sigle, 2000, S. 145, 151 f.

von dem: „früher verstandene[n] ‚Bestimmtheitsgrundsatz'" die Rede war.[9] Und in der schon erwähnten Entscheidung von 2012[10] hieß es noch deutlicher, dass dem Bestimmtheitsgrundsatz „für die formelle Legitimation einer Mehrheitsentscheidung nach der neueren Rechtsprechung des Senats (BGHZ 179, 13 – Schutzgemeinschaft II) keine Bedeutung mehr zukommt." Genau dieser Ansatz wird in der aktuellen Entscheidung noch einmal in aller Deutlichkeit ausgeführt und eingehend begründet.

III. Bewertung der entscheidungserheblichen Aussagen[11]

1. Verabschiedung des Bestimmtheitsgrundsatzes

Die endgültige Verabschiedung des Bestimmtheitsgrundsatzes ist uneingeschränkt zu begrüßen. Ich selbst gehörte zu seinen Kritikern und habe wiederholt betont, dass auch ein Festhalten mit geändertem Inhalt[12] zumindest sinnlos und missverständlich wäre, zumal der Senat schon wiederholt klargestellt hatte, dass für die Auslegung von Mehrheitsklauseln keine Sonderregeln mehr gelten.[13] Das hiervon diametral abweichende Verständnis der Rechtsprechung durch das Berufungsgericht ist ein schöner Beleg dafür, wie gefährlich es sein kann, überlebte und inhaltlich stark veränderte Begriffe fortzuführen.

Wie gesehen, ist der Kerngehalt des Bestimmtheitsgrundsatzes, seine dritte Stufe, nach der inhaltlichen Neubestimmung durch die Rechtsprechung preisgegeben. Für die früher sog. ungewöhnlichen Vertragsänderungen gelten also keine verschärften Anforderungen mehr.[14] Das Gebot *restriktiver* Auslegung von Mehrheitsklauseln ist damit obsolet. Es ließ sich, wie seit langem geklärt sein dürfte, auch nicht damit rechtfertigen, dass eine

---

9 BGH, Urt. v. 24.11.2008 – II ZR 116/08, BGHZ 179, 13 = NJW 2009, 669, 671, Rn. 15 – Schutzgemeinschaft II BGH NJW 2009, 669, 671.

10 BGH, Urt. v. 16.10.2012 – II ZR 239/11, ZIP 2012, 515, 518, Rn. 15.

11 S. bereits *Schäfer* NZG 2014, 1401.

12 Dafür *K. Schmidt*, ZIP 2009, 737, 738; *ders* ZHR 158 (1994), 205, 218 ff.; *Sigle*, FS Hüffer, 2010, 973, 974 (ohne bisherigen Kerninhalt); s. auch Erman/*Westermann*, BGB, 14. Aufl. 2014, § 709 Rn. 30a („modifizierter Bestimmtheitsgrundsatz"); Baumbach/*Hopt*, HGB, 35. Aufl. 2012, § 119 HGB Rn. 37 ff. („neubestimmter Bestimmtheitsgrundsatz").

13 *Schäfer*, ZGR 2013, 237, 243 ff. und MüKo-BGB, 6. Aufl. 2013, § 709 Rn. 87 ff.

14 Prägnant etwa *Sigle*, FS Hüffer, 2010, 973, 974: „Was aber bislang den Kern des Bestimmtheitsgrundsatzes ausmachte, […] soll nun nicht mehr erforderlich sein."

Mehrheitsklausel dogmatisch gut als Einräumung eines Gestaltungsrechts erklärt werden kann. Denn die hiermit in Verbindung gebrachte „formelle Kongruenz von Ermächtigung und Beschluss"[15] ist letztlich nichts anderes als die im Wege der Auslegung ohnehin zu ermittelnde vertragliche Eindeutigkeit über den Anwendungsbereich.[16]

Eine Mehrheitsklausel braucht deshalb nur *allgemein* erkennen zu lassen, dass sie überhaupt für Vertragsänderungen gelten soll, damit für alle Arten von Entscheidungen die Mehrheitsbefugnis eröffnet ist.[17] Das ist andererseits aber m.E. auch erforderlich; denn auch nach allgemeinen Auslegungsregeln ist zu berücksichtigen, dass die Mehrheitsbefugnis in Geschäftsführungsfragen etwas kategorial anderes ist als die Befugnis, über Vertragsänderungen und (sonstige) Grundlagenentscheidungen mehrheitlich zu entscheiden.[18] Richtigerweise ist bei Vorliegen einer einfachen Generalklausel („Gesellschafterbeschlüsse werden mit Mehrheit der abgegebenen Stimmen gefasst") also nach entsprechenden Hinweisen zu suchen, dass die Gesellschafter auch Vertragsänderungen und (sonstige) Grundlagenfragen der Mehrheitsmacht unterwerfen wollten.[19]

Ob der Senat das ebenso sieht, ist allerdings nicht eindeutig; denn in dem von ihm entschiedenen Fall existierte ja eine spezielle Klausel für Vertragsänderungen, so dass die Frage dort keine Rolle spielte. Völlig undifferenzierte Einheitsklauseln dürften in der Praxis im Übrigen die Ausnahme sein, zumal Kautelarjuristen schon wegen des bei Vertragsänderungen regelmäßig sinnvollen höheren Quorums gut beraten sind, wenn sie wenigstens *eine* weitere Bestimmung in den Vertrag aufnehmen.

15 *K. Schmidt* ZHR 158 (1994), 205, 218.

16 So schon *Schäfer*, Der stimmrechtslose GmbH-Geschäftsanteil, 1997, 121 f.

17 Eingehend jetzt BGH II ZR 84/13, Rn. 24 ff.; so namentlich auch *K. Schmidt*, ZIP 2009, 737, 738, abweichend anscheinend *Wiedemann*, FS Hopt, 2010, 1491, 1499 (insofern allerdings nicht in Einklang mit der Rechtsprechung); nicht überzeugend freilich noch die Rede von einer „konkludenten Gegenstandsschärfe" bei *K. Schmidt*, ZHR 158 (1994), 205, 218, vgl. *Schäfer*, Der stimmrechtslose GmbH-Geschäftsanteil, S. 124 mit Fn. 32.

18 Vgl. etwa *Wiedemann*, FS Hopt, 2010, 1491, 1499.

19 *Schäfer* ZGR 2013, 243 f.; möglicherweise weitergehend *K. Schmidt*, ZIP 2009, 737, 738, der wohl auch eine einfache Generalklausel der beschriebenen Art ausreichen lassen will.

2. Einordnung der (Zustimmung zur) Anteilsübertragung

Die Erwägungen, die der Senat im Rahmen der somit ausreichenden „einfachen" Vertragsauslegung angestellt hat, sind allesamt konsequent und einleuchtend. Insbesondere ist die Anteilsübertragung eine Verfügung über die Mitgliedschaft und keine Vertragsänderung.[20] Und demgemäß bezieht sich auch die Zustimmung der Mitgesellschafter zur Anteilsübertragung nicht auf eine Vertragsänderung, also ein Geschäft unter den Gesellschaftern, sondern auf ein Geschäft zwischen einem Gesellschafter und dem Erwerber des Anteils.[21] Die Spezialklausel für Vertragsänderungen war deshalb nicht einschlägig.

Damit handelt es sich bei der Personengesellschaft letztlich um die gleiche Situation wie bei vinkulierten GmbH-Anteilen: Mangels abweichender Regelung beschließt die Gesellschafterversammlung über eine gewünschte Anteilsübertragung mit einfacher Mehrheit; nach ganz h.M. ist der veräußernde Gesellschafter dabei stimmberechtigt.[22] Ist das nicht gewünscht, muss also künftig klargestellt werden, dass etwa die Zustimmung „aller Gesellschafter" oder einer qualifizierten Mehrheit erforderlich ist.[23] Ohne eine solche Regelung reicht die einfache Mehrheit.

IV. Zur materiellen Beschlusskontrolle: Ist auch die Kernbereichslehre überholt?[24]

1. Einführung

Mit der *materiellen* Kontrolle der konkret gefassten Mehrheitsbeschlüsse brauchte sich der Senat in seiner aktuellen Entscheidung nicht näher zu befassen. Denn es stand offensichtlich weder ein Eingriff in den Kernbereich der Mitgliedschaft in Frage noch gab es Anhaltspunkte für eine Treuwidrigkeit der Beschlüsse. Denn die den Kommanditisten eigentlich belastende

---

20 S. insbes. *K. Schmidt* BB 1988, 1053, 1059 f.; ferner nur *Schäfer* Die Lehre vom fehlerhaften Verband, 2002, S. 324 f. und *Ulmer/Schäfer* in MüKo-BGB, 6. Aufl. 2013, § 705 Rn. 374.

21 Näher *Schäfer* (Fn. 16) S. 316.

22 S. nur BayObLG BB 1992, 226; GroßKomm-GmbHG/*Löbbe* § 15 Rn. 249 m.w.N.

23 S. nur GroßKomm-GmbHG/*Löbbe* § 15 Rn. 249.

24 S. schon *Schäfer* ZIP 2015, 1313.

Pflicht zur Übertragung seines Anteils war gar nicht Gegenstand des Urteils. Wenn aber der Gesellschafter zur Übertragung seines Anteils ohnehin verpflichtet ist, so dient die Zustimmung der Mitgesellschafter nur der Erfüllung dieser Pflicht, anderenfalls geht sie ohnehin ins Leere, belastet ihn also nicht. Deshalb ist alles, was der Senat jetzt zur materiellen Beschlusskontrolle gesagt hat, als *obiter dictum* zu werten. Umso bemerkenswerter ist es, dass gleichwohl gerade diese Bemerkungen ein lebhaftes Echo in der Literatur ausgelöst haben: der Senat habe die Kernbereichslehre sozusagen nebenbei abgeschafft.[25] Stimmt das?

2. Hat der Senat die Kernbereichslehre aufgegeben?

a) Einführung: Kernbereichsschutz und Inhaltskontrolle am Treupflichtmaßstab

Bevor ich speziell auf die Kernbereichslehre eingehe, sei noch einmal an folgenden Kontext erinnert: *Wenn* aufgrund einfacher Auslegung feststeht, dass Gesellschafterbeschlüsse mit Mehrheit gefasst werden können, ist damit naturgemäß noch nichts über die Wirksamkeit des konkreten Beschlusses gesagt. Dieser kann zusätzlich der Zustimmung betroffener Gesellschafter als Wirksamkeitsvoraussetzung bedürfen, entweder weil er unmittelbar in den Kernbereich der Mitgliedschaft eingreift oder weil er eine Beitragserhöhung (§ 707 BGB) zum Gegenstand hat – das ist Inhalt der sog. Kernbereichslehre. Oder er kann an einem Beschlussmangel leiden, wozu eben auch inhaltliche Fehler wegen Verstoßes gegen die Treupflicht gehören. Der II. Zivilsenat fasst beide Fallgruppen schon seit längerem in einer Kette von *obiter dicta* unter dem Aspekt der Wirksamkeit zur „zweiten Stufe“ der Beschlussprüfung zusammen,[26] was aus systematischer Sicht zwar unzutreffend ist, in der Sache aber als unschädlich gelten konnte – jedenfalls bis zur Akzentuierung dieser Position durch die Anteilsübertragungs-Entscheidung. Denn in der neuen Entscheidung wird die Vermeidung des Begriffs

25 So *Wertenbruch* DB 2014, 2875, 2876 f. (der noch hinzufügt: „Aufgabe überzeugt in jeder Hinsicht“); mit gleichem Verständnis, aber kritisch *Priester* EWiR 2015, 71; *Ulmer* ZIP 2015, 657, 658 f. a.A. *Weber* ZfPW 2015, 126 f.; auch bereits *Schäfer* ZGR 2014, 1401, 1404.

26 BGHZ 170, 283 = NJW 2007, 1685, 1687, Rn. 9 f. – Otto; BGHZ 179, 13 = NJW 2009, 669, Rn. 17 – Schutzgemeinschaft II

„Kernbereich der Mitgliedschaft“ und seine Ersetzung durch „unverzichtbare und unentziehbare“ Rechte verschiedentlich als Ablehnung der Kernbereichslehre gedeutet;[27] das wird zwar überwiegend kritisiert, vereinzelt aber auch als Fortschritt gepriesen.[28] Ich halte das für ein Missverständnis, und sehe mich darin durch mündliche Äußerungen des Senats-Vorsitzenden *Bergmann*, etwa auf der letzten VGR-Tagung,[29] bestätigt.

b) Die (unklare) Position des Senats

Leider geben die Ausführungen des Senats allerdings durchaus Anlass zu Missverständnissen. Hierbei halte ich allerdings die Reserve gegenüber dem *Begriff* des Kernbereichs und dessen Ersetzung durch die Bezeichnung „unentziehbare Rechte“ (Urt. Rn. 12), der schon in früheren Entscheidungen anklang, noch für völlig unproblematisch. Denn der Kernbereich der Mitgliedschaft besteht aus nichts anderem als eben den *unentziehbaren* Rechten, per definitionem also denjenigen Mitgliedschaftsrechten, die nur mit Zustimmung des Gesellschafters entzogen werden können. Denn das Gesetz definiert sie nirgendwo, vielmehr müssen sie erst – und das ist *ein* Aspekt der Kernbereichslehre – durch wertende Betrachtung ermittelt werden.[30] Ferner kann als unstreitig angesehen werden, dass jedem Gesellschafter das Gewinn- oder Stimmrecht nur mit seiner Zustimmung entzogen werden kann und dass – wegen § 707 BGB – Beitragserhöhungen ebenfalls nur mit Zustimmung des Betroffenen wirksam werden, also niemand gegen seinen Willen zu neuen Beiträgen verpflichtet werden kann. Wenn der Senat nun offenbar ganz auf die Beweislast abstellt und bei Eingriffen in relativ unentziehbare Rechte die Unwirksamkeit des Beschlusses *vermutet* („regelmäßig anzunehmen“), so ist dies systematisch zwar nicht korrekt, in der Sache aber nicht ganz falsch, weil in der Tat ja die Mehrheit bzw. die Gesellschaft ggf. den Beweis zu führen hat, dass eine ausreichende Zustimmung der betroffenen Gesellschafter vorliegt, wohingegen die treupflichtbedingte Unverhältnismäßigkeit eines Beschlusses von den beschlussanfechtenden Gesellschaftern nachzuweisen ist.

---

27 *Wertenbruch* DB 2014, 2875, 2876 f.; *Priester* EWiR 2015, 71; a.A. *Weber* ZfPW 2015, 126 f.; auch bereits *Schäfer* ZGR 2014, 1401, 1404.

28 *Wertenbruch* DB 2014, 2875, 2876 f.

29 S. Diskussionsbericht, VGR, GesR in der Diskussion, 2016, S. 67 f.

30 Richtig deshalb *Weber* ZfPW 2015, 123, 126.

Problematisch ist allerdings eine weitere Aussage des Urteils; sie lautet (Rn. 19): „Abgesehen von unverzichtbaren und schon deshalb unentziehbaren Rechten - unabhängig davon, ob und in welchem Umfang man solche überhaupt anerkennen will - kommt es bei Eingriffen in die individuelle Rechtsstellung des Gesellschafters [...] letztlich maßgeblich immer darauf an, ob der Eingriff im Interesse der Gesellschaft geboten und dem betroffenen Gesellschafter unter Berücksichtigung seiner eigenen schutzwerten Belange zumutbar ist (vgl. BGH II ZR 18/94, ZIP 1994, 1942, 1943 f.; BGH - II ZR 354/03, ZIP 2005, 1455, 1456 f.)."

Diese Formulierung ist derart verkürzt und missverständlich, dass man sie auch in der Sache kritisieren muss.[31] Zuvor aber wiederum die Frage: Hat der Senat die Kernbereichslehre damit wirklich aufgegeben? Richtig ist, dass eine gewisse allgemeine Reserve gegenüber den unentziehbaren Rechten – also gegenüber dem Kernbereich – ausgedrückt wird, indem der Senat ja in den Raum stellt, dass man auf sie vielleicht auch ganz verzichten könnte. Das bleibt aber offen, zumal ein Verzicht ohne Bruch mit der Rechtsprechung zu den Beitragserhöhungen nicht gut vorstellbar wäre. Er wäre im Übrigen auch klar abzulehnen (unter 4.).

Zudem gehen die in Bezug genommenen Entscheidungen von 1994 und 2005 einerseits eindeutig – auch – begrifflich von einem Zustimmungserfordernis bei Eingriffen in den Kernbereich aus, vermengen dieses andererseits aber schon mit der Frage, ob der Gesellschafter unter Treupflichtaspekten zu einer Zustimmung verpflichtet ist. So heißt es in der Entscheidung von 1994: „Diese Legitimation [des Mehrheitsbeschlusses] kann sich, wenn nicht schon der Gesellschaftsvertrag eine im Voraus erteilte ("antizipierte") Zustimmung zu ganz bestimmten, mit Stimmenmehrheit möglichen Vertragsänderungen enthält [...] aus der Verpflichtung des Gesellschafters ergeben, die in Frage stehende Maßnahme aus dem Gesichtspunkt seiner Treuepflicht im Gesellschaftsinteresse hinzunehmen." – und genau die Voraussetzungen für eine solche Zustimmungspflicht tauchen im Anteilsübertragungs-Urteil wieder auf; denn der Senat bejaht eine Pflicht zur Zustimmung zu einer Vertragsänderung allgemein dann, wenn „der Eingriff im Interesse der Gesellschaft geboten und dem betroffenen Gesellschafter unter Berücksichtigung seiner eigenen schutzwerten Belange zumutbar ist". Damit ist aber zugleich klar, dass die Kategorie der unentziehbaren Rechte ebenso erhalten bleibt, wie das Zustimmungserfordernis – und es bleibt lediglich die (vom Senat schon seit 1995 bejahte Frage, ob bereits das bloße *Bestehen* einer Zustimmungspflicht die *fehlende* Zustimmung entbehrlich

31 So auch *Weber* ZfPW 2015, 123, 127.

macht oder ob die Zustimmungspflicht bei Kernbereichseingriffen vielmehr zwangsweise durchzusetzen ist (dazu unter V).

3. Was wäre von einer Aufgabe des Kernbereichsschutzes zu halten?

Lautete das Zwischenfazit also, dass das Anteilsübertragungs-Urteil – entgegen dem ersten Eindruck und entgegen manch missverständlicher Formulierung des Senats – bei näherem Zusehen nichts am Bestand des Kernbereichs geändert hat, so bleibt doch die Frage: Sollte man die Kategorie der unentziehbaren Rechte künftig besser aufgeben, wie der Senat es immerhin andeutet und wie es in der Literatur vereinzelt schon befürwortet wurde[32]?

Dem kann nicht zugestimmt werden; auch die Beibehaltung des Begriffs „Kernbereichslehre" ist sinnvoll; denn er beinhaltet Tatbestand wie Rechtsfolge in überzeugender Weise. Erstens besteht die Aufgabe des Kernbereichs(begriffs) nur zu *einem* geringen Teil darin, die zugehörigen Rechte zu definieren, zur Hauptsache aber darin, die Voraussetzungen eines *Eingriffs* näher zu bestimmen, also diejenigen Beeinträchtigungen der Mitgliedschaft zu umschreiben, die nur mit der individuellen Zustimmung des betroffenen Gesellschafters ihm gegenüber wirksam werden.[33] Und zweitens ist es doch ein erheblicher Unterschied, ob ein Beschluss wegen Treuwidrigkeit lediglich *fehlerhaft* ist oder ob er mangels Zustimmung des Betroffenen *unwirksam* ist; nur die Unwirksamkeit könnte z.B. außerhalb vertraglicher Beschlussanfechtungsfristen geltend gemacht werden. Auch bei Ersetzung der Kernbereichslehre durch reine Zumutbarkeitserwägungen wären Abgrenzungsfragen im Übrigen keineswegs erledigt – dies erhofft sich offenbar *Wertenbruch* von einer Aufgabe des Kernbereichslehre; denn der Senat spricht eben nur im Falle des Eingriffs in ein unentziehbares Recht von einer „*vermuteten*" Treuwidrigkeit, während im Allgemeinen ja der Kläger die Treuwidrigkeit des Beschlusses darzulegen und zu beweisen hat.

Vor allem aber erscheint es in der Sache zutreffend, dass die Mehrheitsherrschaft am Umfang bestimmter grundlegender Gesellschafterrechte ihre

---

32 Nämlich von *Wertenbruch* (allerdings unter unzutr. Vorzeichen); auch *Weber* ZfPW 2015, 123, 127 formuliert diese Frage in zutr. Diktion; explizit a.A. *Priester* EWiR 2015, 71, 72; *Ulmer* ZIP 2015, 658 f.; *Altmeppen* NJW 2015, 2065 f.

33 Näher *Schäfer* ZGR 2013, 237, 257 f.

Grenze findet, sofern der Gesellschafter mit einer einschränkenden Vertragsregelung nicht einverstanden ist.[34] Mit der Abkehr von der Kategorie des unentziehbaren Rechts wäre demgegenüber zumindest eine partielle Verwässerung des Minderheits- bzw. Individualschutzes zu befürchten,[35] und es dient gewiss nicht der Rechtssicherheit, jeden Eingriff in die individuelle Rechtsstellung künftig ausschließlich von richterlichen Zumutbarkeitserwägungen abhängig zu machen.

Man kann dies als „Selbstverständlichkeit" ansehen;[36] mit dem von *Altmeppen* herangezogenen Schutz vor Selbstentmachtung hat die Frage aber nicht unmittelbar zu tun. Denn ist ja nicht ernsthaft in Frage zu stellen, dass der Gesellschafter durchaus auf sein Stimmrecht oder die Vermögensrechte verzichten kann, ein Entzug dieser Rechte *mit seiner Zustimmung* also durchaus als wirksam einzustufen ist. Es besteht insofern keinerlei Anlass, den Gesellschafter vor einem selbst gewählten Machtverlust zu bewahren. Wie das Kapitalgesellschaftsrecht akzeptiert beispielsweise auch das Personengesellschaftsrecht stimmrechtslose Anteile. Andererseits scheint mir aber auch eindeutig, dass die reine Mehrheitsentscheidung einen Entzug des Stimmrechts nicht legitimieren kann. Wenn aber die Einrichtung eines stimmrechtslosen Anteils nur mit Zustimmung des Gesellschafters in Betracht kommt, muss auch die „nur" teilweise Abschaffung durch eine Veränderung der Stimmgewichte nahezu selbstverständlich gleich behandelt werden. Und Entsprechendes gilt für das Gewinnrecht oder den Anspruch auf das (künftige) Auseinandersetzungsguthaben.

Hiermit bestätigt sich zugleich: Nicht der Kreis der kernbereichsrelevanten Rechte ist das Problem, sondern die Bestimmung der Eingriffsqualität, die ein Zustimmungserfordernis hervorruft. Liegt das beim vollständigen und auch partiellen Entzug eines Rechts noch auf der Hand, so sind Entscheidungen, die sich nur indirekt auf eines oder mehrere Kernbereichseingriffe auswirken, weitaus problematischer. Denn wohl jede strukturändernde Maßnahme berührt gleichsam automatisch zumindest ein Kernbereichsrecht – allerdings bei allen Gesellschaftern gleichermaßen. Das gilt für die Auflösung ebenso wie für Verschmelzung oder Formwechsel – um nur drei Beispiele zu nennen. *Flume* hat insofern von einer „korporativen Ebene" gesprochen, auf der noch kein Zustimmungsrecht entstehen

---

34 So dezidiert auch *Altmeppen* VGR, GesR in der Diskussion, Bd. 21, 2016, S. 61 unter Hinweis auf § 138 BGB.

35 Zutr. *Priester* EWiR 2015, 71, 71; *Ulmer* ZIP 2015, 657, 659.

36 So *Altmeppen* VGR, Gesellschaftsrecht in der Diskussion Bd. 21, 2016, S. 61.

könne.[37] Im Ausgangspunkt ist das sicherlich einleuchtend, und im Ergebnis dürfte auch Einigkeit darüber bestehen, dass in den genannten Beispielsfällen *nicht* die Zustimmung aller Gesellschafter erforderlich ist.

Die Unterscheidung ist aber noch zu grob; ein Zustimmungsrecht kann ausnahmsweise durchaus auch dann entstehen, wenn die Maßnahme *sämtliche* Gesellschafter betrifft. Das trifft etwa auf die Verlängerung einer gesellschaftsvertraglichen Höchstdauer zu oder für die Aufnahme eines neuen Gesellschafters in einer gesetzestypischen, also stark personalistisch geprägten Gesellschaft (mit hohem Gewicht der Einzelperson). Nicht abschließend geklärt ist ferner die Qualität der Thesaurierungsentscheidung: Bewirkt sie einen relevanten Eingriff in das Gewinnrecht – oder nicht? Der BGH hat diese Frage zuletzt in der Otto-Entscheidung (BGHZ 170, 283) offengelassen, weil der Vertrag eine Thesaurierungsklausel enthielt; m.E. liegt, weil der Beschlussgegenstand unmittelbar das Gewinnrecht zum Gegenstand hat, ein Eingriff vor,[38] aber das ist keineswegs unstr.[39]

Die Abgrenzung kann also diffizil ausfallen, dies wäre aber um keinen Deut anders, falls man beim Eingriff in ein unentziehbares Recht künftig generell nurmehr von einer „vermuteten Treuwidrigkeit" ausginge.

V. Zustimmung und Zustimmungspflicht

1. Zustimmungserfordernis und „antizipierte" Zustimmung

Bedarf ein Beschluss wegen Eingriffs in ein Kernbereichsrecht der Zustimmung einzelner oder gar aller Gesellschafter, so ist zunächst weithin anerkannt, dass diese Zustimmung nicht nur ad hoc – in diesem Falle regelmäßig als Ja-Stimme zum Beschlussantrag, sondern auch im Voraus erklärt werden kann.[40] Nach allgemeinem Zivilrecht könnte eine solche Vorab-Zustimmung, das Bürgerliche Recht spricht von „Einwilligung" (§ 183 BGB),

37 *Flume* I/1, S. 216.

38 MüKo-BGB/*Schäfer* § 709 Rn. 93; ebenso *Wertenbruch* ZIP 2007, 801; *Haar* NZG 2007, 603.

39 A.A. MüKo-HGB/*Priester* § 122 Rn. 55.

40 Abweichend allerdings neuerdings *Ulmer* ZIP 2015, 659 f. (der sich inhaltlich aber lediglich gegen die Erteilung einer „Art Blankovollmacht" wendet, die von der ganz h.M. gerade nicht als ausreichend akzeptiert wird – s. sogleich.

auch als Generalzustimmung erteilt werden, erwähnt sei nur die Generalvollmacht.[41]

Eine solche *Generalzustimmung* scheidet im Bereich der Kernbereichslehre mit Rücksicht auf deren Schutzzweck indessen aus, was im Ergebnis wohl unstreitig sein dürfte.[42] Es gilt entsprechend, was der BGH für die nachträgliche Beitragserhöhung entschieden hat, und das bedeutet, dass eine bloße Mehrheitsklausel, wie gegenstandsscharf sie auch immer formuliert ist, als Vorab-Zustimmung definitiv unzureichend ist. Denn *neben* der eindeutigen Einbeziehung der Beitragserhöhung in den Anwendungsbereich der Mehrheitsklausel bedarf es zusätzlich der *Angabe einer Obergrenze* oder sonstiger Kriterien, die dem Gesellschafter die maximal mögliche Belastung klar vor Augen führen.[43] Diese Anforderungen gelten *mutatis mutandis* ganz allgemein für Kernbereichseingriffe. Daher muss sich die Vertragsklausel eindeutig auf einen solchen Eingriff beziehen und sie muss Art und Ausmaß des Eingriffs exakt erkennen lassen.[44] Gewiss: wo eine derartige Genauigkeit wegen der Natur des Beschlussgegenstands nicht in Frage kommt – das dürfte häufig der Fall sein –, scheidet eine antizipierte Zustimmung naturgemäß aus. Sofern sie aber möglich ist, besteht kein Grund, die antizipierte Zustimmung für Kernbereichseingriffe per se auszuschließen, wie es früher einmal von *Immenga* vertreten wurde.[45]

Er verlangte zwingend Zeitgleichheit von Beschluss und Zustimmung, weil sich die „rationale Basis" der Zustimmung mit der Zeit immer stärker verliere. Indessen lässt nicht nur das bürgerliche Recht Einwilligungen unproblematisch zu (§ 183 BGB); Entsprechendes gilt vielmehr eindeutig auch im Gesellschaftsrecht, wie die Regelung zur beschränkten – also mit

---

41 Die aber nur widerruflich erteilt werden kann, s. nur BGH NJW 1988, 2603; MüKo-BGB/*Schubert* § 168 Rn. 25.

42 I.E. denn auch *Altmeppen* in VGR, 2016, S. 61 (allerdings unter Berufung auf die *essentialia negotii* des jeweiligen Beschlusses [?]).

43 BGH NJW-RR 2006, 827 = WM 2006, 577 (578); NJW-RR 2006, 829 = WM 2006, 774 (775); NJW-RR 2005, 1347 = WM 2005, 1608 (1609); ZIP 2009, 864 (865) = NJW-RR 2009, 753 (754); 2008, 418 (420); OLG Hamburg NJOZ 2010, 1034 (1036); OLG Stuttgart DB 2010, 1058 (1060); der Sache nach auch KG WM 2174, 2175; ZIP 2010, 1545 (1546); dazu eingehend *Schäfer,* Der stimmrechtslose GmbH-Geschäftsanteil, 1997, S. 137 ff.

44 Ebenso *Leenen,* FS Larenz, 1983, S. 371 (386) und *M. Winter* GesRZ 1986, 74 (83); *Schäfer,* Der stimmrechtslose GmbH-Geschäftsanteil, 1997, S. 260 ff., 269 f., alle m.w.N.; vgl. auch BGH NJW 1995, 194 (195) (allerdings mehrheitliche Einschränkung des Informationsrechts betr.).

45 ZGR 1974, 425; i.E. ebenso jetzt *Ulmer* ZIP 2015, 659 f.

präziser Grenze formulierten – Nachschusspflicht im GmbH-Recht verdeutlicht (§ 26 Abs. 3 GmbHG).

Nicht die Erklärung im Voraus ist also problematisch, sondern die mangelnde Transparenz. Hinreichend präzisen Vorab-Zustimmungen im Gesellschaftsvertrag kommen zum Beispiel in Gestalt von Thesaurierungsklauseln in Betracht. Auch die Verlängerung einer Höchstdauer und die Öffnung einer personalistischen Gesellschaft für bestimmte Neugesellschafter lassen sich durchaus mit der erforderlichen Genauigkeit formulieren.

2. Fehlende Zustimmung und Zustimmungspflicht

Wie schon betont, stellt die Rede des II. Senats von der „vermuteten Treuwidrigkeit" des Eingriffs in ein unentziehbares Recht eine extreme Verkürzung, nämlich die Verschleifung zu unterscheidender Aspekte dar, zum einen die Zustimmungsbedürftigkeit als solche und zum anderen die Frage, ob eine *nicht erteilte* Zustimmung durch die *Pflicht* des betroffenen Gesellschaft zur Zustimmung ersetzt werden kann, wie der BGH ohne Weiteres unterstellt.[46]

Zunächst muss daran erinnert werden, dass schon die Pflicht zur Zustimmung gerade bei Vertragsänderungen auch nach der Rechtsprechung nur ausnahmsweise in Betracht kommt. Demnach muss die Vertragsänderung im Interesse der Gesellschaft *geboten* und dem betroffenen Gesellschafter unter Berücksichtigung seiner eigenen schutzwerten Belange *zumutbar* sein. Aber reicht dies schon aus, um eine verweigerte Zustimmung kurzerhand als erteilt zu unterstellen? Grundsätzlich ist hier Zurückhaltung geboten, zumal bei Vertragsänderungen.[47] Selbst wenn der Gesellschafter also verpflichtet sein sollte zuzustimmen, seine Weigerung demgemäß rechtsmissbräuchlich ist, wird man die Mehrheit bzw. Gesellschaft *grundsätzlich* als verpflichtet anzusehen haben, den widerspenstigen Gesellschafter erst auf Zustimmung zu verklagen, bevor der Beschluss ausgeführt werden darf. – Andererseits wird man ausnahmsweise die Zustimmung fingieren und die Prozesslast demgemäß umkehren müssen, wo der umstrittene Beschluss

46 BGH NJW 2015, 859, Rn. 19.

47 So im Ansatz auch *Altmeppen* VGR, Gesellschaftsrecht in der Diskussion Bd. 21, 2016, S. 62 f.

und seine rasche Umsetzung für die Gesellschaft von existenzieller Bedeutung sind.[48] Bei dringend erforderlichen Vertragsänderungen, namentlich in Sanierungsfällen, darf die Zustimmung also durchaus als erteilt unterstellt werden. Für diese Fälle ist dem Senat also zuzustimmen. Der Versammlungsleiter kann demgemäß eine treuwidrig verweigerte Zustimmung als Enthaltungs-, wenn erforderlich auch als Ja-Stimme werten und somit das Zustandekommen des Beschlusses feststellen.[49] Das gilt für sämtliche Situationen, in denen es der Gesellschaft oder der Mehrheit nicht möglich oder zumutbar ist, die verweigerte Zustimmung im Klagewege zu ersetzen – und sei es im Wege des einstweiligen Rechtsschutzes. *Ohne* eine solche besondere Dringlichkeit darf die fehlende Zustimmung m.E. aber nicht einfach unter Berufung auf (angebliche) Zustimmungspflicht ersetzt werden; vielmehr ist die Mehrheit darauf zu verweisen, die Zustimmungspflicht im Klagewege gegen den widerstrebenden Gesellschafter durchzusetzen, wofür ihr auch der einstweilige Rechtsschutz zu Gebote steht.[50]

VI. Zusammenfassung in Thesen

1. Der Bestimmtheitsgrundsatz ist endgültig verabschiedet, nicht nur der Sache, sondern auch dem Begriff nach. Insofern ist dem Anteilsübertragungs-Urteil vollauf zuzustimmen.

---

48 So BGH WM 1979, 1058 (vorübergehende Aufnahme einer Komplementär-GmbH zur Fortsetzung der KG als werbende); ähnlich sodann auch BGH WM 1986, 1556 (1557); BGHZ 102, 172 (177) = WM 1988, 23 (25) (freilich jeweils *in concreto* verneinend); NJW-RR 2008, 1484 (1487) Rn. 42 (Zustimmungsfiktion nur, wenn Gesellschafterbeschluss notwendig, um Funktionsfähigkeit zu erhalten bzw. werbende Tätigkeit fortzusetzen); OLG Stuttgart NZG 2010, 1223 (missbräuchlich verweigerte Zustimmung muss im Klagewege erstritten werden). Weitergehend noch BGH NJW 1960, 434 (treupflichtwidriger und daher unbeachtlicher Widerspruch gegen die faktische Auflösung einer KG); OLG München v. 30.01.2013 (7 U 2352/12) = [juris Rn. 17]: Zustimmungsfiktion bei Vergütungsbeschluss, wenn ohne zusätzliche Vergütung akute Liquidationsgefahr besteht).

49 Vgl. *Schäfer,* FS Hommelhoff, 2012, 954 f.; MüKo-BGB/*Schäfer* § 705 Rn. 240 f.).

50 Mit den zum Thema „Sanieren oder Ausscheiden“ ergangenen Entscheidungen (BGHZ 183, 1 und NZG 2015, 995; hierauf verweisend aber *Altmeppen*, VGR, 2016, S. 63) hat die Frage übrigens nichts zu tun; denn dort geht es jeweils um das Problem, ob ein sich Sanierungsbeiträgen verweigernder Gesellschafter aus wichtigem Grund aus der Gesellschaft ausgeschlossen werden darf – was in der überschuldeten, aber sanierungsfähigen Gesellschaft zu bejahen ist.

2. Richtig ist auch, dass die Anteilsübertragung keine Vertragsänderung darstellt und die erforderliche Zustimmung der Gesellschafter hierzu daher stets aufgrund einer einfachen Mehrheitsklausel entschieden werden kann (sofern der Vertrag keine Sonderregelung hierzu enthält). Auch aus dem Grundsatz der Höchstpersönlichkeit lässt sich ein spezielles Zustimmungserfordernis nicht herleiten, so dass sich die Wirksamkeit des Zustimmungsbeschlusses ganz auf die materielle Ebene und namentlich auf eine mögliche Treuwidrigkeit verlagert, die sich aber naturgemäß allein aus der konkret beabsichtigten Anteilsübertragung ergeben kann.
3. Entgegen missverständlicher Äußerungen im Urteil und entgegen ersten Interpretationen im Schrifttum hat der Senat den Schutz des Kernbereichs nicht aufgegeben; vielmehr hält er im Prinzip an der – mit dem Kernbereich inhaltsgleichen – Kategorie des unentziehbaren Rechts und damit am Erfordernis einer Zustimmung zu einer vollständigen oder teilweisen Entziehung eines solchen Rechts fest.
4. Die vom Senat immerhin aufgeworfene Frage, ob künftig auf unentziehbare Rechte ganz verzichtet werden sollte, ist zu verneinen.
5. Prinzipiell kann die Zustimmung zu einem Kernbereichseingriff auch im Voraus erteilt werden, sofern sie den maximal zulässigen Eingriff in transparenter Weise beschreibt; eine – noch so gegenstandsscharfe – Mehrheitsklausel ist hierfür aber allemal unzureichend.
6. Eine aus der Treupflicht abgeleitete Pflicht zur Zustimmung zu Kernbereichseingriffen ist nur mit Zurückhaltung anzunehmen. Sofern sie besteht, muss in der Regel, sofern es um Vertragsänderungen geht, die Zustimmungspflicht im Klagewege durchgesetzt werden. Bei besonderer Eilbedürftigkeit darf hingegen die treuwidrig verweigerte Zustimmung als erteilt unterstellt werden.

Das Mehrheitsprinzip im GmbH-Recht – Grundlegendes und Gestaltungsfragen

Dr. Simon Blath, Würzburg

A. Mehrheitsprinzip als gesetzlicher Ausgangspunkt

Die Willensbildung in den privatrechtlichen Verbänden unterliegt im deutschen Gesellschaftsrecht entweder dem Einstimmigkeitsprinzip oder dem Mehrheitsprinzip.[1] Einstimmigkeit und „Mehrheitlichkeit" sind Kriterien für die Richtigkeit der Beschlüsse oder sonstigen Entscheidungen, stehen also für eine breite oder engere Legitimationsbasis.[2] Die Vor- und Nachteile beider Prinzipien liegen auf der Hand: Mehrheitsentscheidungen dienen der Handlungs- und Wandlungsfähigkeit der Gesellschaft, jedoch auf Kosten der Legitimationsbasis, einstimmige oder „allseitige" Entscheidungen gewährleisten am ehesten die Richtigkeit der Entscheidung, aber behindern die Handlungsfähigkeit der Gesellschaft.[3]

Die GmbH steht unter dem Regime des Mehrheitsprinzips, das personengesellschaftsrechtliche Einstimmigkeitsprinzip (vgl. § 709 Abs. 1 BGB, § 119 Abs. 1 HGB) ist ihr fremd: Gesellschafterbeschlüsse sind gem. § 47 Abs. 1 GmbHG grds. mit einfacher Mehrheit der abgegebenen Stimmen zu fassen, Satzungsänderungen (§ 53 Abs. 2 S. 1 GmbHG) und Auflösungsbeschlüsse (§ 60 Abs. 1 Nr. 2 GmbHG) mit ¾-Mehrheit. Auch Grundlagenentscheidungen bleiben also Mehrheitsentscheidungen, wenngleich mit erhöhtem Quorum.[4] Nicht einmal ist der einzelne Gesellschafter Anknüpfungspunkt für die erforderliche Mehrheit (s. dagegen das „Kopfprinzip" aus § 709 Abs. 2 BGB und § 119 Abs. 2 HGB). Rechengröße ist vielmehr die Stimme, die für den Gesellschafter aus jedem Euro seiner nominellen Beteiligung folgt (§ 47 Abs. 2 GmbHG). Und es ist nur die *abgegebene* Stimme, d. h. die gültige Ja- oder Nein-Stimme, mit der der Gesellschafter sich tatsächlich an der Entscheidung beteiligt. So jedenfalls nach dem gesetzlichen Leitbild.

Je stärker sich ein Verband gegenüber seinen Mitgliedern verselbständigt, desto näher liegt ihm das Mehrheitsprinzip, denn desto geringer fällt das

---

1 *K. Schmidt*, Gesellschaftsrecht, 4. Aufl. 2002, § 16 I 2, S. 451.

2 *K. Schmidt*, Gesellschaftsrecht, § 16 I 2, S. 452; s. auch *Scholz/Priester*, GmbHG, 11. Aufl. 2015, § 53 Rn. 55.

3 Vgl. *K. Schmidt*, Gesellschaftsrecht, § 16 I 2, S. 451.

4 Vgl. *Scholz/Priester*, § 53 Rn. 55; *K. Schmidt*, Gesellschaftsrecht, § 16 II 1, S. 452 f.

Interesse des einzelnen Mitglieds ins Gewicht.[5] Bestimmend ist das Mehrheitsprinzip daher in der Körperschaft und Kapitalgesellschaft. Mag auch umstritten sein, ob die GmbH als „kleine Kapitalgesellschaft" oder „Personengesellschaft mbH" oder als Mittelding zwischen Personen- und Kapitalgesellschaft anzusehen ist,[6] so tritt jedenfalls im Mehrheitsprinzip ein „kapitalistischer", korporativer Wesenszug zutage.[7] Auch insoweit, als es an die kapitalistisch konzipierte Beteiligungsform des GmbH-Gesellschafters anknüpft: Maßgeblich ist der Geschäftsanteil, eine durch den Nennbetrag in Euro bestimmte Größe (vgl. § 5 Abs. 2 u. 3 GmbHG),[8] die dem Gesellschafter seit dem MoMiG sogar eine ursprüngliche „Mehrfachbeteiligung" ermöglicht (vgl. § 5 Abs. 2 S. 2 GmbHG). Dagegen steht die grds. unteilbare[9] Mitgliedschaft der gesamthänderisch berechtigten Person, wie sie für die Personengesellschaft wesensbestimmend ist.

B. Minderheitenschutz

Wo das Mehrheitsprinzip gilt, stellt sich die Frage nach dem Minderheitenschutz. Mehrheitsprinzip und Minderheitenschutz sind zwei Seiten einer Medaille, der Minderheitenschutz ist „rechtsethisch notwendige Ergänzung des Mehrheitsprinzips" *(Wiedemann)*.[10] Dabei geht es um das Spannungsverhältnis der gegenläufigen Interessen von Mehrheit und Minderheit und die Grenzen der „Majorisierung"[11] der Minderheit durch die Mehrheit. Die Frage ist aber regelmäßig nicht, wie sich diese Interessen miteinander in Einklang oder auch nur in „praktische Konkordanz" bringen lassen, sondern vielmehr: In welchen Fällen darf sich das Mehrheitsinteresse ausnahmsweise nicht gegen das Minderheitsinteresse durchsetzen?

---

5 Vgl. *K. Schmidt*, Gesellschaftsrecht, § 16 I 2, S. 451; dabei folgt in der Personengesellschaft (OHG, GbR) ein gewichtiges Einzelinteresse bereits aus der unbeschränkten Haftung, vgl. *Martens*, Mehrheits- und Konzernherrschaft in der personalistischen GmbH, 1970, S. 166.

6 S. *Michalski/Michalski*, GmbHG, 2. Aufl. 2010, Syst. Darst. 1 Rn. 2 ff.

7 Vgl. *Michalski/Michalski*, Syst. Darst. 1 Rn. 5; MüKo-GmbHG/*Drescher*, 2. Aufl. 2016, § 47 Rn. 3.

8 Vgl. MüKo-GmbHG/*Reichert/Weller*, 2. Aufl. 2015, § 14 Rn. 7 f.

9 S. MüKo-HGB/*K. Schmidt*, 4. Aufl. 2016, § 105 Rn. 75 ff.

10 *Wiedemann*, Gesellschaftsrecht, Bd. I, 1980, S. 405; vgl. auch *K. Schmidt*, Gesellschaftsrecht, § 16 III 1, S. 467.

11 *Zöllner*, Die Schranken mitgliedschaftlicher Stimmrechtsmacht bei den privatrechtlichen Personenverbänden, 1963, S. 94.

I. Quoren

Man darf diese Interessen nicht ohne Weiteres mit dem „Kollektivinteresse" der Gesellschaftermehrheit und dem „Individualinteresse" des einzelnen Anteilsinhabers gleichsetzen. Denn die kapitalistische Beteiligungsstruktur der GmbH erlaubt es etwa, dass ein einzelner Mehrheitsgesellschafter einer Vielzahl von Minderheitsgesellschaftern gegenübersteht.

Minderheitenschutz bedeutet in der GmbH daher zunächst einmal Schutz der *Kapital*minderheit gegenüber der *Kapital*mehrheit. Diesen Schutz gewährleisten in gewissem Umfang die erhöhten Quoren, die von Gesetzes wegen bei grundlegenden Entscheidungen zu beachten sind (was freilich nichts daran ändert, dass im Extremfall die Stimme des einzigen erschienenen Gesellschafters entscheidet[12]). *Wiedemann*[13] spricht insoweit von schematischer Fürsorge für die Minderheit durch verstärkte Konsenserfordernisse.

Erhöhte Quoren tasten das Mehrheitsprinzip nicht an, sondern qualifizieren es lediglich, so in den folgenden Fällen, in denen jeweils eine ¾-Mehrheit erforderlich ist:

- Satzungsänderung (einschließlich Kapitalmaßnahmen), § 53 Abs. 2 S. 1 GmbHG,
- Auflösung durch Gesellschafterbeschluss (§ 60 Abs. 1 Nr. 2 GmbHG) und Fortsetzungsbeschluss,[14]
- Umwandlungsbeschlüsse (vgl. §§ 50 Abs. 1 S. 1, 125, 240 Abs. 1 S. 1 UmwG),
- Beschluss über Erhebung der Ausschlussklage,[15]

12 *Scholz/Priester*, § 53 Rn. 83.

13 *Wiedemann*, Gesellschaftsrecht, Bd. I, S. 421, vgl. auch *Henze*, DStR 1992, 1823 f.

14 MüKo-GmbHG/*Berner*, 2. Aufl. 2016, § 60 Rn. 254 ff., 256; *Baumbach/Hueck/Haas*, GmbHG, 20. Aufl. 2013, § 60 Rn. 92 – jew. m.w.N.

15 BGH NJW 1953, 780, 783 f.; NJW 2003, 2314, 2315; a.A. etwa OLG Köln NZG 2001, 82, 83 f.

- Beherrschungs- und Gewinnabführungsvertrag: Zustimmungsbeschluss der Untergesellschaft (str., ob allseitige Zustimmung erforderlich)[16] und der Obergesellschaft,[17]
- Beschluss über Gesamtvermögensübertragung analog § 179a AktG,[18]
- „Holzmüller"-Fälle.[19]

Eine Ausnahme bildet die Änderung des Gesellschaftszwecks, also des eigentlichen finalen Moments der Gesellschaft.[20] Insoweit ist nach allgemeiner Ansicht analog § 33 Abs. 1 S. 2 BGB die Zustimmung sämtlicher Gesellschafter erforderlich (wenngleich nicht zwingend in der Gesellschafterversammlung).[21] Das Mehrheitserfordernis geht hier im Einstimmigkeitsprinzip[22] auf.[23]

II. Stimmverbote

Als Korrektiv des Mehrheitsprinzips zugunsten der Minderheit können sich Stimmverbote erweisen.[24] Gesetzlich verankert sind sie in § 47 Abs. 4 GmbHG: Der Gesellschafter (oder sein Vertreter) darf bei einem Beschluss

16 Vgl. *Zöllner/Beurskens*, in: *Baumbach/Hueck*, SchlAnhKonzernR Rn. 54.

17 *Zöllner/Beurskens*, in: *Baumbach/Hueck*, SchlAnhKonzernR Rn. 56; MüKo-GmbHG/*Liebscher*, Anh. § 13 Rn. 753.

18 MüKo-GmbHG/*Harbarth*, § 53 Rn. 229.

19 *Heckschen*, in: Heckschen/Heidinger, Die GmbH in der Gestaltungs- und Beratungspraxis, 3. Aufl. 2013, § 8 Rn. 109; MüKo-GmbHG/*Liebscher*, Anh. § 13 Rn. 1155.

20 Sie geht über die Änderung des Unternehmensgegenstands hinaus und betrifft die grundsätzliche Ausrichtung der Gesellschaft auf Gewinnerzielung oder andere Ziele, s. MüKo-GmbHG/*Harbarth*, § 53 Rn. 186.

21 MüKo-GmbHG/*Harbarth*, § 53 Rn. 188; *Zöllner/Noack*, in: Baumbach/Hueck, § 53 Rn. 29 – jew. m. w. N.

22 Dabei ist zu bedenken, dass dogmatisch zwischen der Zustimmung zum Beschluss und der Einzelzustimmung außerhalb der Gesellschafterversammlung zu unterscheiden ist. Letztere ist Zustimmung zum bereits gefassten Beschluss und entscheidet über dessen Wirksamkeit oder Unwirksamkeit, vgl. Großkomm-GmbHG/*Hüffer/Schürnbrand*, 2. Aufl. 2014, § 47 Rn. 20 und unten III. 1. b).

23 Vgl. auch die Zustimmungserfordernisse des Umwandlungsrechts, etwa §§ 43, 128, 233 UmwG.

24 Vgl. auch *Wiedemann*, Gesellschaftsrecht, Bd. I, S. 421; *Zöllner*, Schranken, S. 145.

nicht mitstimmen, der ihn selbst entlastet, der ihn von einer Verbindlichkeit befreit (S. 1) oder der die Vornahme eines Rechtsgeschäfts oder die Einleitung eines Rechtsstreits ihm gegenüber betrifft (S. 2). Die Norm hat mithin Interessenkonflikte im Auge, die materiell im Beschlussgegenstand angelegt sind, etwa bestimmte Fälle des Richtens in eigener Sache.[25] Im Widerstreit liegt dabei das Interesse des Abstimmenden mit dem Interesse der Gesellschaftergesamtheit.[26]

Das Stimmverbot kann der Minderheit sogar Entscheidungen zulasten der Mitgliedschaft des Mehrheitsgesellschafters ermöglichen. Zum Beispiel:

Die Minderheitsgesellschafter wollen den Mehrheitsgesellschafter aus wichtigem Grund (dieser sei vorausgesetzt) aus der Gesellschaft ausschließen und daher Beschluss über die Erhebung einer Ausschlussklage fassen (so das Vorgehen, wenn die Satzung keine Einziehungs- oder Ausschlussregel enthält). Auch bei diesem Beschluss trifft den Mehrheitsgesellschafter ein Stimmverbot (§ 47 Abs. 4 S. 2 GmbHG),[27] ebenso wohl bei einem Einziehungs- oder (statutarisch zugelassenen) Ausschlussbeschluss mit gleichem Ziel.[28] Allein die Minderheitsgesellschafter entscheiden dann über den Verbleib des Mehrheitsgesellschafters in der Gesellschaft. In diesem und in anderen Fällen des Stimmverbots kommt es zu einer Umkehrung der Verhältnisse, einem „völligen Rollentausch“, der die Minderheit zur „tonangebenden Gruppe“ macht.[29]

III. Unverzichtbare Rechte und Einzelzustimmungserfordernisse

Der effektivste Minderheitenschutz ist dort gewährleistet, wo die Mehrheit von vornherein nicht entscheiden darf oder wo sie eine Entscheidung nur mit der Zustimmung des betroffenen Gesellschafters durchsetzen kann. Es handelt sich um solche Fälle, in denen die (satzungsändernde) Entscheidung unmittelbar in mitgliedschaftliche Rechtspositionen des Gesellschafters eingreifen oder neue mitgliedschaftliche Pflichten schaffen soll.

---

25 Vgl. BGH NJW 1986, 2051, 2053; MüKo-GmbHG/*Drescher*, § 47 Rn. 130.

26 Vgl. BGH NJW 1989, 295, 297; *Baumbach/Hueck/Zöllner*, § 47 Rn. 60, spricht dagegen vom Interesse der Gesellschaft.

27 BGH NJW 2003, 2314, 2315; NJW 1953, 780, 784.

28 Zur Einziehung BGH NJW 2015, 1385, 1386 Tz. 16.

29 Vgl. *Wiedemann*, Gesellschaftsrecht, Bd. I, S. 421.

1. Eingriff in mitgliedschaftliche Rechte

a) Absolut unentziehbare Rechte

Einige mitgliedschaftliche Rechtspositionen sind gegen jede Entziehung oder Verkürzung geschützt. Man nennt sie „absolut unentziehbare" oder „unverzichtbare" Rechte und zählt dazu: das Recht auf Teilnahme an der Gesellschafterversammlung in seinem Kerngehalt,[30] das Recht auf Erhebung der Anfechtungs- und Nichtigkeitsklage gegen Gesellschafterbeschlüsse, das Recht zum Austritt aus der Gesellschaft aus wichtigem Grund, die gesetzlich geregelten Minderheitenrechte (§§ 61 Abs. 2 S. 2, 66 Abs. 2, 50 GmbHG), das Auskunfts- und Einsichtsrecht (dessen Unentziehbarkeit in § 51a Abs. 3 GmbHG ausdrücklich festgeschrieben ist).[31] Ein Gesellschafterbeschluss, der auf Beeinträchtigung dieser Rechte zielt, ist nichtig.[32]

b) Relativ unentziehbare Rechte

Daneben gibt es solche „Grundmitgliedschaftsrechte",[33] die zwar nicht unverzichtbar sind, aber nur mit Zustimmung des betroffenen Gesellschafters (statutarisch) entzogen oder eingeschränkt[34] werden können (sog. relativ unentziehbare Rechte). Dazu zählen Stimmrecht und Gewinnrecht, der Anspruch auf die Liquidationsquote bzw. die Abfindung bei Ausscheiden aus der Gesellschaft.[35] Diese Rechte sind relativ unentziehbar, weil sie zum

---

30 Vgl. BGH DNotZ 1990, 116, 117 f. bzgl. einer Regelung zur Vertretung in der Gesellschafterversammlung.

31 Vgl. *Scholz/Priester*, § 53 Rn. 44; MüKo-GmbHG/*Harbarth*, § 53 Rn. 99; Großkomm-GmbHG/*Ulmer*, 2008, § 53 Rn. 68. Zur Unterscheidung von „Kernbereich des Teilnahmerechts" und „Kernbereich der Mitgliedschaft" s. *C. Schäfer*, Der stimmrechtslose GmbH-Geschäftsanteil, 1997, S. 183.

32 MüKo-GmbHG/*Harbarth*, § 53 Rn. 99.

33 Großkomm-GmbHG/*Ulmer*, § 53 Rn. 69.

34 Vgl. Großkomm-GmbHG/*Ulmer*, § 53 Rn. 69.

35 Großkomm-GmbHG/*Ulmer*, § 53 Rn. 69; *Scholz/Priester*, § 53 Rn. 47; dagegen nicht die Mitgliedschaft selbst, s. *C. Schäfer*, GmbHR 1998, 168 f., mit Blick auf § 34 Abs. 2 GmbHG und die Ausschließung aus wichtigem Grund, die gerade keine Zustimmung des Auszuschließenden voraussetzt; ausf. *ders.*, Der stimmrechtslose GmbH-Geschäftsanteil, S. 171 ff., 190 f.

Kernbereich der Mitgliedschaft[36] gehören.[37] Als kernbereichsrelevant mag man auch die Einführung (oder Verschärfung) einer Zwangseinziehungsregel und Anteilsvinkulierung ansehen.[38] Beides bedarf nach h. M. jedenfalls der Zustimmung der betroffenen Gesellschafter.[39]

Nicht zustimmungsbedürftig sind *mittelbare* Eingriffe in den Kernbereich, etwa wenn sich Gewinn- und Stimmrecht infolge von Kapitalmaßnahmen verändern; hier ist allenfalls eine materielle Beschlusskontrolle angezeigt (vgl. IV. 3.).[40]

Die Einzelzustimmung beschränkt sich *materiell* auf den Gesellschafter, der konkret von der Entziehung oder Beschränkung betroffen ist.[41] Bei Einführung einer allgemein geltenden Satzungsregel (z. B. einer allgemeinen Abfindungsbeschränkung oder Vinkulierungsregel) können dies freilich sämtliche Gesellschafter sein.

Formal betrachtet fällt die Einzelzustimmung nicht in eins mit der Ja-Stimme bei der Beschlussfassung.[42] Sie bezieht sich nicht wie die Stimme auf den Beschlussantrag, sondern auf den (satzungsändernden) Beschluss

---

36 Zur Kernbereichslehre, insbesondere im GmbH-Recht: *C. Schäfer*, Der stimmrechtslose GmbH-Geschäftsanteil, S. 153 ff. Kritisch zur Kernbereichslehre steht mittlerweile der BGH, zumindest im Personengesellschaftsrecht, vgl. NJW 2015, 859, 861 Tz. 10, 862 Tz. 19; dazu auch *Priester*, NZG 2015, 529. Eine Absage an die Kategorien der absolut und relativ unentziehbaren Gesellschafterrechte muss das aber noch nicht bedeuten, s. *C. Schäfer*, ZIP 2015, 1313; *ders.*, NZG 2014, 1401, 1404; gegen „Überinterpretation" der knappen Äußerungen des BGH auch *Heckschen/Bachmann*, NZG 2015, 531, 534.

37 MüKo-GmbHG/*Harbarth*, § 53 Rn. 100; s. auch *C. Schäfer*, GmbHR 1998, 168, 169 und *ders.*, Der stimmrechtslose GmbH-Geschäftsanteil, S. 181 ff., der die unverzichtbaren Rechte nicht in den Kreis der Kernbereichsrechte einbezieht.

38 Abw. zur Zwangseinziehung *C. Schäfer*, GmbHR 1998, 168 f., *ders.*, Der stimmrechtslose GmbH-Geschäftsanteil, S. 185 ff., 200 ff., und MüKo-GmbHG/*Harbarth*, § 53 Rn. 205, die auf § 34 Abs. 2 GmbHG rekurrieren. Zur Vinkulierung – Kernbereichsrecht der freien Veräußerlichkeit – MüKo-GmbHG/*Harbarth*, § 53 Rn. 201.

39 Zur Zwangseinziehung vgl. BGH NJW 1977, 2316; NJW 1992, 892, 893 (Verschärfung); MüKo-GmbHG/*Harbarth*, § 53 Rn. 205; *Scholz/Priester*, § 53 Rn. 46. Zur Anteilsvinkulierung vgl. MüKo-GmbHG/*Harbarth*, § 53 Rn. 201 m.w.N.

40 Großkomm-GmbHG/*Ulmer*, § 53 Rn. 69; MüKo-GmbHG/*Harbarth*, § 53 Rn. 100.

41 Vgl. *Scholz/K. Schmidt*, 11. Aufl. 2014, § 47 Rn. 5.

42 Vgl. *Zöllner*, Schranken, S. 115 f.

selbst.[43] So kann sie grds. formfrei gegenüber der Gesellschaft erklärt werden,[44] und zwar vor, nach oder bei der Beurkundung des Satzungsänderungsbeschlusses.[45] Eine Ja-Stimme bei der Beschlussfassung enthält aber zugleich die Einzelzustimmung.[46] Fehlt die Zustimmung, ist der Gesellschafterbeschluss schwebend unwirksam bis zur Erteilung,[47] bei verweigerter Zustimmung endgültig unwirksam.[48] Die Unwirksamkeit kann mit der allgemeinen Feststellungsklage geltend gemacht werden.[49] Hierin liegt ein entscheidender Unterschied zum „Zustimmungsmangel" bei der Beschlussfassung: Wird das Beschlussergebnis festgestellt, obwohl es an den erforderlichen Stimmen fehlt, berechtigt dies lediglich zur Anfechtung des Beschlusses (vgl. auch unten C. I. 1. b]). Der Beschluss ist also vorläufig wirksam gefasst.

2. Eingriff in Sonderrechte (§ 35 BGB)

Ähnlich wie relativ unentziehbare Mitgliedschaftsrechte lassen sich Sonderrechte nur mit Zustimmung des betroffenen, d. h. begünstigten Gesellschafters entziehen oder beschränken (§ 35 BGB analog).[50]

Sonderrechte kommen nicht allen Gesellschaftern gleichmäßig kraft ihrer Mitgliedschaft zu, sondern stellen statutarisch begründete Verwaltungs- oder Vermögensrechte zugunsten eines bestimmten Gesellschafters (*ad personam,* Sondervorteil) oder zugunsten eines bestimmten Geschäftsanteils (Vorzugsgeschäftsanteil) dar.[51] Beispiele sind erhöhte Stimmrechte, Rechte zur Geschäftsführung, zur Entsendung oder Benennung von Organmitgliedern und Gewinnvorzüge.

§ 179 Abs. 3 AktG ist nicht entsprechend anwendbar; ein qualifizierter

---

43 *C. Schäfer*, Der stimmrechtslose GmbH-Geschäftsanteil, S. 40.

44 Man bedenke aber die Nachweisbarkeit gegenüber dem Registergericht!

45 Vgl. zur Zustimmung nach § 53 Abs. 3 GmbHG *Scholz/Priester*, § 53 Rn. 94; Großkomm-GmbHG/*Ulmer*, § 53 Rn. 90.

46 Vgl. *Scholz/Priester*, § 53 Rn. 94; *Schnorbus*, in: Rowedder/Schmidt-Leithoff, GmbHG, 5. Aufl. 2013, § 53 Rn. 77.

47 Großkomm-GmbHG/*Ulmer*, § 53 Rn. 69; MüKo-GmbHG/*Harbarth*, § 53 Rn. 100.

48 Vgl. Großkomm-GmbHG/*Ulmer*, § 53 Rn. 92.

49 Vgl. *Scholz/Priester*, § 53 Rn. 97.

50 MüKo-GmbHG/*Harbarth*, § 53 Rn. 101; differenzierend *Beuthien*, ZGR 2014, 24.

51 *Scholz/Priester*, § 53 Rn. 48; *Zöllner/Noack*, in: Baumbach/Hueck, § 53 Rn. 35.

Mehrheitsbeschluss der Inhaber einer Anteilsgattung genügt zur Entziehung daher nicht.[52] Die Zustimmung ist jedoch ausnahmsweise entbehrlich, wenn die Entziehung durch einen wichtigen Grund gerechtfertigt erscheint (im Gegenzug mag dem betroffenen Gesellschafter ein Recht zum Austritt aus wichtigem Grund zustehen).[53] Für die Beeinträchtigung des Sonderrechts zur Geschäftsführung gilt dies im praktischen Ergebnis bereits wegen § 38 Abs. 2 GmbHG: Hiernach ist eine Abberufung des Geschäftsführers aus wichtigem Grund stets möglich.[54] Streng genommen betrifft dies freilich nur die tatsächliche Ausübung des Amts und nicht das Sonderrecht an sich.[55]

Im Übrigen ist die Zustimmung des Sonderrechtsinhabers Wirksamkeitsvoraussetzung des satzungsändernden Beschlusses (vgl. oben 1. b]).[56]

3. Leistungsvermehrung (§ 53 Abs. 3 GmbHG)

Ausdrücklich im GmbHG geregelt ist das Zustimmungserfordernis für leistungsvermehrende Satzungsänderungen: Gem. § 53 Abs. 3 GmbHG ist die Zustimmung „sämtlicher beteiligter Gesellschafter“ vonnöten. Das darin zum Ausdruck kommende Belastungsverbot ist ein allgemeines Prinzip des Gesellschaftsrechts (s. § 707 BGB, § 180 Abs. 1 AktG),[57] womöglich sogar ein „mitgliedschaftliches Grundrecht“.[58]

§ 53 Abs. 3 GmbHG erfasst die Vermehrung oder Neueinführung beliebiger statutarischer Gesellschafterpflichten (z. B. Schaffung oder Erweiterung einer Nebenleistungspflicht i. S. d. § 3 Abs. 2 GmbHG, Erhöhung einer Nachschusspflicht), und zwar auch dann, wenn alle Gesellschafter gleichmäßig belastet werden.[59] Gemeint ist jedoch nur die unmittelbare

---

52 *Zöllner/Noack*, in: Baumbach/Hueck, § 53 Rn. 35; MüKo-GmbHG/*Harbarth*, § 53 Rn. 181.

53 *Scholz/Priester*, § 53 Rn. 48; MüKo-GmbHG/*Reichert/Weller*, § 14 Rn. 110 ff., auch zu den unterschiedlichen Begründungsansätzen: Minus zum Ausschluss aus wichtigem Grund – Kündbarkeit von Dauerrechtsverhältnissen.

54 Vgl. BGH NJW 1969, 1483; NJW 1983, 938.

55 Vgl. MüKo-GmbHG/*Reichert/Weller*, § 14 Rn. 115.

56 MüKo-GmbHG/*Harbarth*, § 53 Rn. 101.

57 Vgl. jüngst zur Wohnungseigentümergemeinschaft BGH NJW 2015, 549, 550 f. Tz. 16.

58 Vgl. *Wiedemann*, ZGR 1977, 690, 692; *Scholz/Priester*, § 53 Rn. 50.

59 *Scholz/Priester*, § 53 Rn. 50; MüKo-GmbHG/*Harbarth*, § 53 Rn. 134.

Leistungsvermehrung, nicht die mittelbare wie etwa das erhöhte Risiko einer Ausfallhaftung nach §§ 24, 31 GmbHG bei einer Kapitalerhöhung.[60] „Sämtliche beteiligte Gesellschafter" sind die konkret betroffenen Gesellschafter, also diejenigen, in deren Rechtsstellung eingegriffen wird oder deren Pflichten vermehrt werden sollen.[61] Im Hinblick auf Wesen und Bedeutung der Zustimmungserklärung gilt das oben unter 1. b) Gesagte.[62]

Wenngleich § 53 Abs. 3 GmbHG nicht abdingbar ist, kann die Satzung doch für bestimmte Fälle eine Leistungsvermehrung durch einfachen Gesellschafterbeschluss gestatten.[63] Darin liegt aber kein Verzicht auf das Zustimmungserfordernis, denn ein solcher Gesellschafterbeschluss beruht auf einer statutarischen Ermächtigung, die nur mit Zustimmung der betroffenen Gesellschafter wirksam geworden ist. Es geht also lediglich um die antizipierte Zustimmung zu einem später konkretisierenden Beschluss.[64] In diesem Zusammenhang spielt der Bestimmtheitsgrundsatz eine entscheidende Rolle, denn der Rahmen der Leistungsvermehrung muss hinreichend definiert sein.[65] Tendenziell für möglich hält man aber auch eine generelle Ermächtigung, kompensiert durch ein Austrittsrecht des betroffenen Gesellschafters entsprechend § 27 Abs. 1 GmbHG.[66]

§ 53 Abs. 3 GmbHG ist nicht analog auf die Verkürzung von Gesellschafterrechten anwendbar. Dazu besteht keine Notwendigkeit, weil eine Entziehung von Gesellschafterrechten im Kernbereich oder von Sonderrechten ohnehin zustimmungsbedürftig ist; jenseits davon sind in den allgemeinen Grenzen auch leistungsverkürzende Satzungsänderungen möglich.[67]

---

60 *Scholz/Priester*, § 53 Rn. 53; Großkomm-GmbHG/*Ulmer*, § 53 Rn. 86.

61 *Scholz/Priester*, § 53 Rn. 92; MüKo-GmbHG/*Harbarth*, § 53 Rn. 130.

62 Zur Möglichkeit einer Teilwirksamkeit des Gesellschafterbeschlusses gegenüber zustimmenden Gesellschaftern Großkomm-GmbHG/*Ulmer*, § 53 Rn. 92.

63 *Scholz/Priester*, § 53 Rn. 51.

64 *Scholz/Priester*, § 53 Rn. 51; MüKo-GmbHG/*Harbarth*, § 53 Rn. 129.

65 MüKo-GmbHG/*Harbarth*, § 53 Rn. 129; *Scholz/Priester*, § 53 Rn. 51; *C. Schäfer*, GmbHR 1998, 168, 172: Mit Blick auf § 26 Abs. 3 GmbHG muss Gesamtbetrag der Belastung ersichtlich sein.

66 MüKo-GmbHG/*Harbarth*, § 53 Rn. 129; Großkomm-GmbHG/*Ulmer*, § 53 Rn. 85; a.A. *Zöllner/Noack*, in: Baumbach/Hueck, § 53 Rn. 33 m. Fn. 41.

67 Großkomm-GmbHG/*Ulmer*, § 53 Rn. 88; *Scholz/Priester*, § 53 Rn. 54; *Schnorbus*, in: Rowedder/Schmidt-Leithoff, § 53 Rn. 71 f.; offen BGH DNotZ 1992, 526, 527.

IV. „Bewegliche Schranken“

Die bis hierhin erläuterten „Institute“ des Minderheitenschutzes stecken den allgemeinen Rahmen gesellschafterlicher Entscheidungen ab. Sie betreffen die formellen Voraussetzungen der Beschlussfassung oder konkret umrissene Tatbestände, an denen der Inhalt eines Beschlusses zu messen ist.

Dadurch greifen sie in gewisser Weise dem Inhalt der Entscheidung vor und erwachsen nicht aus dem Inhalt der Entscheidung selbst. Im Anschluss an *Zöllner* spricht man insoweit auch von „starren Schranken“.[68] Diese genügen freilich nicht, um die Richtigkeit des Beschlusses („Richtigkeitsgewähr“) und den Minderheitenschutz in jedem Einzelfall zu gewährleisten. Dazu bedarf es flexiblerer Korrektive, deren Schutzgehalt sich am jeweiligen Beschlussgegenstand konkretisiert. Den starren Schranken stellt man mithin die einzelfallbezogenen „beweglichen Schranken“ zur Seite[69] und zählt dazu insbesondere Gleichbehandlungsgrundsatz und Treuepflicht.[70] Letztlich geht es dabei um eine materielle Beschlusskontrolle, Richtigkeitsgewähr im Einzelfall, nicht bloß schematisch oder anhand gesetzlich typisierter „Extremtatbestände“.[71] Selbstverständlich kann das nicht bedeuten, dass sich diese konkrete Richtigkeitsgewähr stets gegen das Mehrheitsprinzip durchsetzt. Bereits dem einfachen Mehrheitsprinzip wohnt ja eine schematische Richtigkeitsgewähr inne, und diese soll nach dem gesetzlichen Leitbild genügen.

---

68 *Zöllner*, Schranken, S. 97, 287 ff.; Großkomm-GmbHG/*Ulmer*, § 53 Rn. 66; MüKo-GmbHG/*Harbarth*, § 53 Rn. 97 f., der sie auf die der Mehrheitsherrschaft von vornherein entzogene Individualsphäre der Gesellschafter zu beschränken scheint. Eine solche Beschränkung ist freilich nicht zwingend.

69 *Zöllner*, Schranken, S. 97, 287 ff.; Großkomm-GmbHG/*Ulmer*, § 53 Rn. 66; MüKo-GmbHG/*Harbarth*, § 53 Rn. 97.

70 Vgl. Großkomm-GmbHG/*Ulmer*, § 53 Rn. 66.

71 Vgl. Großkomm-GmbHG/*Ulmer*, § 53 Rn. 72.

1. Gleichbehandlungsgrundsatz

Der Gleichbehandlungsgrundsatz gilt als allgemeiner gesellschaftsrechtlicher Grundsatz[72] und hat im Aktienrecht etwa Ausdruck in § 53a AktG gefunden. „Legitime Mehrheitsherrschaft“[73] und Gleichbehandlungsgrundsatz stehen in innerem Zusammenhang: „Eine Gleich‚behandlungs‘pflicht kann nur in Frage stehen, wenn eine Person oder Institution – wie der herrschende Gesellschafter – in der Lage ist, ihren Willen ohne Rücksicht auf den Konsens der Betroffenen durchzusetzen.“[74]

Der Gleichbehandlungsgrundsatz verbietet eine willkürliche, sachlich ungerechtfertigte Ungleichbehandlung der Gesellschafter, nicht aber die Ungleichbehandlung schlechthin (Willkürverbot).[75] Er zielt zum einen nur auf rechtliche[76] bzw. objektive[77] und zum anderen grundsätzlich nur auf proportionale Gleichbehandlung, also nach dem Maßstab des Nennbetrags der Kapitalbeteiligung.[78] Damit vermittelt er regelmäßig nur relativen (Minderheiten-)Schutz; materielle Aspekte wie die individuell ungleiche Betroffenheit der Gesellschafter bleiben außen vor.[79] Absolute Gleichbehandlung gebietet der Grundsatz allerdings, wenn es um nicht quantifizierbare Mitgliedschaftsrechte geht,[80] und materielle Gleichbehandlung gebietet er, wenn ein Beschluss trotz objektiver Gleichbehandlung einzelne Gesellschafter besonders hart trifft oder treffen soll.[81]

Der rechtfertigende sachliche Grund ist im Rahmen einer Abwägung festzustellen: Es kommt darauf an, dass das Interesse der Gesellschaft an der Ungleichbehandlung das Interesse des benachteiligten Gesellschafters

72 MüKo-GmbHG/*Merkt*, § 15 Rn. 285; *K. Schmidt*, Gesellschaftsrecht, § 16 II 4, S. 462; *Wiedemann*, Gesellschaftsrecht, Bd. I, § 8 II 2, S. 428.

73 *K. Schmidt*, Gesellschaftsrecht, § 16 II 4, S. 463.

74 *Wiedemann*, Gesellschaftsrecht, Bd. I, S. 428 f.; darauf Bezug nehmend auch *K. Schmidt*, Gesellschaftsrecht, § 16 II 4, S. 462 f; s. auch *Henssler/Strohn/ Verse*, Gesellschaftsrecht, 3. Aufl. 2016, § 14 GmbHG Rn. 80: Gleichbehandlungsgrundsatz keine Schranke der Vertragsfreiheit, sondern dort einschlägig, wo vertragliches Konsensprinzip außer Kraft gesetzt sei.

75 BGH NJW 1992, 892, 893, 895 f.; MüKo-GmbHG/*Merkt*, § 15 Rn. 289.

76 *Scholz/Priester*, § 53 Rn. 56.

77 Großkomm-GmbHG/*Ulmer*, § 53 Rn. 75.

78 MüKo-GmbHG/*Merkt*, § 13 Rn. 296.

79 Vgl. *Scholz/Priester*, § 53 Rn. 56; OLG Brandenburg BeckRS 2009, 10127.

80 MüKo-GmbHG/*Merkt*, § 13 Rn. 297; *Baumbach/Hueck/Fastrich*, § 13 Rn. 32.

81 *Scholz/Priester*, § 53 Rn. 56; *Henssler/Strohn/Verse*, § 14 GmbHG Rn. 82, mit dem Beispiel der Kapitalherabsetzung 10:1, bei der Gesellschafter mit einer Beteiligung im Nennbetrag von unter 10 Euro ihre Mitgliedschaft verlieren.

überwiegt und dass die Ungleichbehandlung zur Erreichung ihres Zwecks geeignet, erforderlich und angemessen ist.[82] Ob diese Verhältnismäßigkeitsprüfung bereits über die Willkürprüfung hinausgeht,[83] mag hier dahinstehen.

Eine ungerechtfertigte Ungleichbehandlung hat die Rechtsprechung etwa angenommen bei einem Beschluss über die unangemessene Gehaltserhöhung zugunsten eines Gesellschafter-Geschäftsführers,[84] über die ungleichmäßige Einforderung von Einlagezahlungen,[85] die Rückforderung eines Darlehens von einem Gesellschafter nach vorangegangener mehrjähriger Gewinnthesaurierung[86] oder bei Einführung eines statutarischen Höchststimmrechts, wenn ein Gesellschafter bereits eine Beteiligung über die Höchstquote hinaus hält.[87]

Ein Gesellschafterbeschluss, der gegen den Gleichbehandlungsgrundsatz verstößt, ist anfechtbar.[88] Doch kann der betroffene Gesellschafter auf Gleichbehandlung verzichten; der Beschluss ist daher mit seiner Zustimmung mangelfrei.[89] Ein genereller Verzicht auf Gleichbehandlung ist dagegen unzulässig, denn Gesellschafter können sich nicht antizipiert der Willkür der Mehrheitsmacht unterwerfen.[90]

2. Treuepflicht

Ein heute ebenfalls verbandsübergreifend anerkannter Grundsatz ist die gesellschafterliche Treuepflicht[91] (auch das Gleichbehandlungsgebot wird teilweise als Konkretisierung der Treuepflicht verstanden[92]). Sie gilt sowohl

---

82 MüKo-GmbHG/*Merkt*, § 13 Rn. 299; *Henssler/Strohn/Verse*, § 14 GmbHG Rn. 84 f.; *Michalski/Michalski/Funke*, § 13 Rn. 129.
83 Vgl. *Henssler/Strohn/Verse*, § 14 GmbHG Rn. 85.
84 BGH NZG 2008, 783, 784 f. Tz. 18.
85 OLG Hamm NJW-RR 2001, 1182.
86 OLG Brandenburg BeckRS 2009, 10127.
87 BGH NJW 1978, 540, 541, obiter dictum zur AG.
88 BGH NJW 1992, 892, 895; *Scholz/Priester*, § 53 Rn. 57.
89 *Scholz/Priester*, § 53 Rn. 56.
90 *Baumbach/Hueck/Fastrich*, § 13 Rn. 33.
91 Vgl. *K. Schmidt*, Gesellschaftsrecht, § 16 II 4, S. 465.
92 Vgl. *Henssler/Strohn/Verse*, § 14 GmbHG Rn. 73.

im Verhältnis der Gesellschaft zu ihren Gesellschaftern als auch im Verhältnis der Gesellschafter untereinander.[93] Insbesondere ist sie bei der Ausübung des Stimmrechts zu beachten,[94] mag also den Mehrheitsgesellschafter bei der Beschlussfassung zur Rücksichtnahme auf den Minderheitsgesellschafter verpflichten.

Dabei ist zu bedenken: Der Gesellschafter ist bei der Ausübung seines Stimmrechts grds. frei. Er hat bei seiner Entscheidung nicht generell dem Gesellschaftsinteresse[95] oder dem Interesse der Mitgesellschafter den Vorzug zu geben. Bei der Ausübung uneigennütziger Gesellschafterrechte (z. B. beim Beschluss über Geschäftsführungsangelegenheiten) hat das Gesellschaftsinteresse allerdings Vorrang.[96] Nimmt der Gesellschafter *eigennützige* Gesellschafterrechte wahr (z. B. bei der Entscheidung über die Gewinnausschüttung[97]), so geht es schon begriffsnotwendig um die berechtigte Entscheidung im eigenen Interesse. Hier darf der Gesellschafter jedoch kein gesellschaftsfremdes Sonderinteresse zum Schaden der Mitgesellschafter verfolgen (vgl. § 243 Abs. 2 AktG) und es kann sich auch davon abgesehen die Frage nach einer Treuepflichtverletzung stellen.[98] Abstrakt lässt sich die Treuepflichtverletzung insoweit nicht definieren. Ist sie zu bejahen, macht sie den Gesellschafterbeschluss anfechtbar.[99]

Der Treuepflicht in besonderer Weise unterworfen ist der „einfache" Thesaurierungsbeschluss (zur Thesaurierung durch Satzungsänderung sogleich): Seit der Änderung durch das BiRiLiG 1986[100] können die Gesellschafter im Gewinnverwendungsbeschluss mit einfacher Mehrheit Gewinne thesaurieren (§ 29 Abs. 2 GmbHG). Diese Möglichkeit steht im Konflikt mit dem (grds. legitimen) Ausschüttungsinteresse eines jeden Gesellschafters.[101] Nach wohl überwiegender Meinung fordert die Treuepflicht hier eine Beschlusskontrolle im Einzelfall, wobei das Ausschüttungsinteresse des Gesellschafters gegen das Finanzierungsinteresse der Gesellschaft

93 Zur GmbH BGH NJW 1976, 191; *Scholz/Priester*, § 53 Rn. 58.

94 Vgl. *Scholz/Priester*, § 53 Rn. 58.

95 BGH NJW 1954, 1401; BeckRS 1970, 31120951.

96 Großkomm-GmbHG/*Ulmer*, § 53 Rn. 73.

97 OLG Düsseldorf NZG 2005, 633, 635; *Dreher*, DStR 1993, 1632, 1634.

98 Vgl. Großkomm-GmbHG/*Ulmer*, § 53 Rn. 73; MüKo-GmbHG/*Harbarth*, § 53 Rn. 106.

99 MüKo-GmbHG/*Ekkenga*, § 29 Rn. 173; *Scholz/Priester*, § 53 Rn. 59.

100 BGBl. I, S. 2355.

101 Vgl. MüKo-GmbHG/*Ekkenga*, § 29 Rn. 169.

abzuwägen ist.[102] Dabei orientiert man sich auch an § 254 AktG, der auf die Lebens- und Widerstandsfähigkeit der Gesellschaft unter vernünftigen kaufmännischen Gesichtspunkten abstellt.[103] Man belässt den Gesellschaftern insoweit einen gewissen Einschätzungsspielraum.

Vom einfachen Thesaurierungsbeschluss zu unterscheiden ist die Thesaurierung durch Satzungsklausel: Ein zustimmungsbedürftiger Eingriff in das Gewinnrecht als Kernbereichsrecht wird angenommen, wenn eine Satzungsänderung auf vollständige und dauernde Thesaurierung zielt.[104] Eingriffe unterhalb dieser Schwelle, also bestimmte Thesaurierungsquoten, lassen sich womöglich als bloß mittelbare Eingriffe begreifen: Inhalt einer entsprechenden Satzungsänderung ist nämlich nicht die Schmälerung des Gewinnrechts, sondern die Verringerung der Ausschüttungsquote insgesamt.[105]

3. Allgemeine materielle Beschlusskontrolle bei Grundlagenentscheidungen?

Man kann sich die Frage stellen, ob grundlegende Gesellschafterentscheidungen von vornherein einer materiellen Beschlusskontrolle zu unterziehen sind. Hierfür spricht sich im Interesse der Richtigkeitsgewähr und des Minderheitenschutzes etwa *Wiedemann*[106] aus: Der herrschende Gesellschafter könne sich durch qualifizierten Stimmen- und Kapitalbesitz keinen „Richtigkeitsvorsprung" verschaffen, kraft dessen seine Entscheidung für die gesamte Vereinigung unkontrollierbar verbindlich wäre. Mehrheitsentscheidungen, die in die Zielsetzung oder das Gefüge des Verbands eingriffen, müssten daher von einem sachlichen Grund getragen und dieser Grund müsse gesellschaftsbezogen (nicht mitgliedsbezogen) sein.

Die heute wohl h. M. folgt dem so nicht. Im Ergebnis beschränkt sie die allgemeine materielle Beschlusskontrolle auf besonders gewichtige Grund-

---

102 OLG Brandenburg BeckRS 2009, 10127; OLG Düsseldorf NZG 2005, 633, 635 f.; OLG Hamm DStR 1992, 298, 299; *Baumbach/Hueck/Fastrich*, § 29 Rn. 32.

103 MüKo-GmbHG/*Ekkenga*, § 29 Rn. 170; *C. Schäfer*, GmbHR 1998, 168, 173; *ders.*, Der stimmrechtslose GmbH-Geschäftsanteil, S. 342 f.

104 MüKo-GmbHG/*Harbarth*, § 53 Rn. 256; a.A. *Michalski/Hoffmann*, § 53 Rn. 144.

105 *C. Schäfer*, Der stimmrechtslose GmbH-Geschäftsanteil, S. 348 f.

106 *Wiedemann*, Gesellschaftsrecht, Bd. I, S. 444 f.

lagenentscheidungen und nimmt im Übrigen an, dass auch Grundlagenentscheidungen ihre Rechtfertigung in sich tragen.[107] Die Gruppe der „per se" gerechtfertigten Beschlüsse sieht sie daher als Regelfall an. Angelegt ist diese Differenzierung in einer Entscheidung des BGH aus dem Jahre 1980:[108] Dort hat der BGH ausdrücklich festgestellt, dass der Beschluss über die Auflösung der Gesellschaft (§ 60 Abs. 1 Nr. 2 GmbHG) seine Rechtfertigung bereits in sich trage und keiner darüber hinausgehenden Rechtfertigung bedürfe.

Geboten bleibt die materielle Beschlusskontrolle nach der differenzierenden Ansicht in wenigen Fällen: bei abhängigkeits- und konzernbegründenden Mehrheitsentscheidungen, grundlegender Umgestaltung des Unternehmensgegenstands und Übertragung des wesentlichen Gesellschaftsvermögens auf den Mehrheitsgesellschafter außerhalb des UmwG.[109]

Zu den rechtfertigungsbedürftigen Grundlagenentscheidungen gehört daneben der Bezugsrechtsausschluss im Rahmen der ordentlichen Kapitalerhöhung.[110] Ausgangspunkt ist das Recht jedes GmbH-Gesellschafters auf Erwerb einer neuen Beteiligung (§ 186 Abs. 1 AktG analog), wie es von der wohl überwiegenden Meinung inzwischen angenommen wird.[111] Da sich dieses Bezugsrecht nach dem Verhältnis der Beteiligung an der Gesellschaft richtet, geht jede Abweichung von der proportionalen Teilhabe an der Kapitalerhöhung mit einem (partiellen) Bezugsrechtsausschluss einher. Dies ist stets der Fall, wenn ein neuer Gesellschafter zur Übernahme zugelassen wird.

---

107 *Lutter*, ZGR 1981, 171, 178 m. Fn. 34, im Rahmen einer „Zwei-Stufen-Theorie": auf erster Stufe Kontrolle aller Mehrheitsbeschlüsse auf Missbrauch und Gleichbehandlung, auf zweiter Stufe Prüfung der Verhältnismäßigkeit aller minderheitsbelastenden Entscheidungen, soweit sie nicht aufgrund gesetzlich vorgeprägter Entscheidung von dieser Prüfung freigestellt sind; MüKo-GmbHG/*Harbarth*, § 53 Rn. 109; Großkomm-GmbHG/*Ulmer*, § 53 Rn. 79.

108 BGH NJW 1980, 1278; zur AG BGH NJW 1988, 1579, 1580.

109 Großkomm-GmbHG/*Ulmer*, § 53 Rn. 80; MüKo-GmbHG/*Harbarth*, § 53 Rn. 110; vgl. auch BGH NJW 1981, 1512 – Süssen, zur Befreiung des Mehrheitsgesellschafters vom Wettbewerbsverbot, wenn die Gesellschaft dadurch zum abhängigen Unternehmen wird.

110 Vgl. *Scholz/Priester*, § 53 Rn. 55.

111 MüKo-GmbHG/*Lieder* § 55 Rn. 70; *Zöllner/Fastrich*, in: Baumbach/Hueck, § 55 Rn. 20; *Michalski/Hermanns*, § 55 Rn. 39; *Lutter/Hommelhoff/Bayer*, GmbHG, 19. Aufl. 2016, § 55 Rn. 19; offenlassend BGH NZG 2005, 551, 552; a.A. etwa Großkomm-GmbHG/*Ulmer*, § 55 Rn. 38, 44 ff.; *Roth*, in: Roth/Altmeppen, GmbHG, 8. Aufl. 2015, § 55 Rn. 20.

Soweit das Bezugsrecht nicht bereits statutarisch ausgeschlossen ist,[112] kann es nur im Kapitalerhöhungsbeschluss selbst ausgeschlossen werden (§ 186 Abs. 3 S. 1 AktG analog).[113] Eine materielle Beschlusskontrolle ist erforderlich, wenn nicht alle Gesellschafter dem Bezugsrechtsausschluss zustimmen.[114]

Der Ausschluss muss

- durch einen sachlichen Grund gerechtfertigt sein, d. h. im Interesse der Gesellschaft (nicht einzelner Gesellschafter) liegen,[115]
- erforderlich sein, d. h. das relativ mildeste Mittel darstellen, um das im Gesellschaftsinteresse liegende Ziel zu erreichen,[116]
- die Verhältnismäßigkeit (im engeren Sinne) wahren: Der mit dem Ausschluss verbundene Eingriff in das Mitgliedschaftsrecht der Gesellschafter (d. h. ihr Bezugsrecht) darf nicht außer Verhältnis zum erstrebten Ziel stehen; dies ist im Rahmen einer Abwägung zu ermitteln, die den Eingriff dem konkreten Interesse der Gesellschaft gegenüberstellt.[117] Betrifft der Ausschluss nur einzelne Gesellschafter, sind besonders strenge Anforderungen zu stellen.[118]

Der Bezugsrechtsausschluss kann nach diesen Kriterien z. B. gerechtfertigt sein: bei einer Sachkapitalerhöhung, wenn die Gesellschaft ein dringendes Interesse am Erwerb eines bestimmten Gegenstands hat,[119] zum Zwecke der

---

112 Vgl. OLG München NZG 2012, 426, 427; MüKo-GmbHG/*Lieder* § 55 Rn. 104; krit. *Zöllner/Fastrich*, in: Baumbach/Hueck, § 55 Rn. 20, 25.

113 *Zöllner/Fastrich*, in: Baumbach/Hueck, § 55 Rn. 25; MüKo-GmbHG/*Lieder*, § 55 Rn. 83.

114 *Michalski/Hermanns*, § 55 Rn. 48.

115 MüKo-GmbHG/*Lieder*, § 55 Rn. 87; *Zöllner/Fastrich*, in: Baumbach/Hueck, § 55 Rn. 26; vgl. zur AG BGH NJW 1978, 1316, 1317; NJW 1997, 2815.

116 *Zöllner/Fastrich*, in: Baumbach/Hueck, § 55 Rn. 26; MüKo-GmbHG/*Lieder*, § 55 Rn. 88; vgl. auch zur AG BGH NJW 1994, 1410, 1411.

117 MüKo-GmbHG/*Lieder*, § 55 Rn. 89; *Zöllner/Fastrich*, in: Baumbach/Hueck, § 55 Rn. 26; BGH NJW 1978, 1316, 1317.

118 MüKo-GmbHG/*Lieder*, § 55 Rn. 89; vgl. auch *Lutter/Hommelhoff/Bayer*, § 55 Rn. 25.

119 MüKo-GmbHG/*Lieder*, § 55 Rn. 94; *Zöllner/Fastrich*, in: Baumbach/Hueck, § 55 Rn. 27; vgl. zur AG BGH NJW 1978, 1316, 1317.

Sanierung der Gesellschaft,[120] aus gesellschafterstrukturellen oder betriebswirtschaftlichen Gründen (etwa Beteiligung eines leitenden Mitarbeiters[121] oder anderen Unternehmens zum Zwecke der Kooperation[122]).

Fällt die dreistufige Prüfung zugunsten des Bezugsrechtsausschlusses aus, so dürfte zugleich ein Verstoß gegen das gesellschaftsrechtliche Gleichbehandlungsgebot und die gesellschafterliche Treuepflicht ausscheiden; die Rechtfertigung einer Maßnahme nach diesen Grundsätzen erfolgt nämlich im Wesentlichen nach gleichen Kriterien.[123] Ein Gleichbehandlungsverstoß scheidet im Übrigen bereits tatbestandlich aus, wenn das Bezugsrecht aller Gesellschafter zugunsten eines Dritten ausgeschlossen wird; in diesem Fall bleibt dennoch die Rechtfertigung des Bezugsrechtsausschlusses zu prüfen.[124] Eigenständige Bedeutung erlangen Gleichbehandlungsgebot und Treuepflicht, wenn man ein gesetzliches Bezugsrecht nicht anerkennt.[125]

Ein fehlerhafter Bezugsrechtsausschluss macht den Kapitalerhöhungsbeschluss anfechtbar.[126]

C. Gestaltungsmöglichkeiten

Anders als im Aktienrecht (vgl. § 23 Abs. 5 AktG) herrscht im GmbH-Recht weitgehende Gestaltungsfreiheit. Die Gesellschafter dürfen also die Verhältnisse der Gesellschaft im Rahmen der Satzungsautonomie abweichend vom Gesetz regeln. Ausdrücklich unter den Vorbehalt besonderer Bestimmungen stellt § 45 Abs. 2 GmbHG den § 47 GmbHG. Bereits deshalb sind Modifikationen des Mehrheitsprinzips (vgl. § 47 Abs. 1 GmbHG) und des Stimmrechts (vgl. § 47 Abs. 2 GmbHG) grds. denkbar – auch wenn damit ein Eingriff in das Stimmrecht einzelner Gesellschafter einhergeht. Das Stimmrecht ist wie gesehen (oben B. III. 1. b]) nur relativ unentziehbar. Dass sich durch stimmrechtsbeschränkende Regelungen die absoluten

---

120 LG Heidelberg AG 1989, 447; *Zöllner/Fastrich*, in: Baumbach/Hueck, § 55 Rn. 27.

121 *Michalski/Hermanns*, § 55 Rn. 52; MüKo-GmbHG/*Lieder*, § 55 Rn. 97.

122 MüKo-GmbHG/*Lieder*, § 55 Rn. 98; *Michalski/Hermanns*, § 55 Rn. 54.

123 Vgl. MüKo-GmbHG/*Lieder*, § 55 Rn. 90 f.; *Michalski/Hermanns*, § 55 Rn. 49 f.; einschränkend *Zöllner/Fastrich*, in: Baumbach/Hueck, § 55 Rn. 27.

124 *Michalski/Hermanns*, § 55 Rn. 49 a. E.

125 Vgl. z.B. *Wegmann*, in: Münchener Handbuch des Gesellschaftsrechts, Bd. 3, 4. Aufl. 2012, § 53 Rn. 24.

126 Vgl. BGH NZG 2005, 551, 553; MüKo-GmbHG/*Lieder*, § 55 Rn. 101; *Lutter/Hommelhoff/Bayer*, § 55 Rn. 27.

Schranken der Mehrheitsmacht (unverzichtbare Rechte, Zustimmungserfordernisse, bewegliche Schranken) nicht überwinden lassen, lässt sich ohne Weiteres vorwegnehmen. Im Übrigen können die Gestaltungen in beide Richtungen zielen, hin zu weniger oder zu mehr Minderheitenschutz.

I. Modifikation der Mehrheiten

1. Erhöhung der Quoren

Das Erfordernis der einfachen oder qualifizierten Mehrheit[127] darf bis zur „Einstimmigkeit" oder Allseitigkeit hin verschärft werden,[128] auch mittelbar durch Anknüpfung an eine bestimmte Kapitalmehrheit[129] oder durch ein Beschlussfähigkeitsquorum.[130] Hierin liegt offensichtlich eine Stärkung des Minderheitenschutzes (die andererseits die Frage nach der Pflichtbindung der Stimmrechtsmacht aufwirft).[131]

a) „Einstimmigkeit" aufgrund ergänzender Vertragsauslegung?

Bereits nach allgemeinen Grundsätzen wird man regelmäßig eine ausdrückliche Satzungsregelung verlangen müssen. Fraglich ist, ob sich das Erfordernis allseitiger Zustimmung in der personalistischen GmbH auch aus ergänzender Vertragsauslegung ergeben kann. Dafür hat *Martens*[132] plädiert: Soweit die Gesellschafter der personalistischen GmbH das gesetzliche Statut in vielfacher Weise abgeändert und ihre Ordnung damit weitgehend autonom gestaltet hätten, sei eine ausdrückliche Ermächtigung zur Mehrheitsentscheidung in Grundlagenfragen erforderlich.[133] Die Diskrepanz zwi-

127 OLG Frankfurt GmbHR 2010, 260 f.

128 *Scholz/K. Schmidt*, § 47 Rn. 9; Großkomm-GmbHG/*Hüffer/Schürnbrand*, § 47 Rn. 21 f.; vgl. auch BGH NZG 2005, 516, 517; NZG 2011, 1142, 1143 Tz. 12. Zur Ausnahme bei der Geschäftsführerabberufung vgl. bereits oben B. III. 2. und Großkomm-GmbHG/*Hüffer/Schürnbrand*, § 47 Rn. 23.

129 Vgl. OLG Frankfurt GmbHR 2010, 260 f.

130 Großkomm-GmbHG/*Ulmer*, § 53 Rn. 94; *Scholz/Priester*, § 53 Rn. 87.

131 Vgl. *Scholz/K. Schmidt*, § 47 Rn. 9.

132 *Martens*, S. 166 ff.

133 *Martens*, S. 168 f.

schen gesetzlichem Statut und Vertragsordnung werde wegen der Autonomie der Vereinbarungen zugunsten des Einstimmigkeitsprinzips entschieden.

Der BGH[134] hat gegensätzlich geurteilt: Für ihn spricht auch in der GmbH mit personalistischem Zuschnitt keine Vermutung für die Einführung des Einstimmigkeitsprinzips; es gelte dort ebenfalls die Regel, dass Abweichungen vom Mehrheitsprinzip nur bei eindeutigen Anhaltspunkten im Gesellschaftsvertrag eingriffen. Im entschiedenen Fall waren die Gesellschafterstämme einer personalistischen GmbH nach der Satzung nur zur einheitlichen Stimmrechtsausübung durch einen gemeinsamen Bevollmächtigten befähigt. Daraus ließ sich laut BGH indes noch nicht ableiten, dass auch innerhalb eines Stammes das Mehrheits- oder Einstimmigkeitsprinzip galt.

Der Standpunkt des BGH scheint mir plausibler als die Ansicht von *Martens*. Nach *Martens* unterstellen sich die Gesellschafter durch die bloße Wahrnehmung ihrer Satzungsautonomie wieder dem Vertragsregime, kehren also sozusagen in die Personengesellschaft zurück. Dieses Kriterium ist zugleich zu vage und zu formal, um das gesetzliche Leitbild in sein Gegenteil zu verkehren. Wollen die Gesellschafter dies tun, müssen sie die Satzung auch in diesem Punkt entsprechend gestalten. So viel „Bestimmtheit“ ist unerlässlich.

b) Begriffliches und Auslegungsfragen

Wenn „Einstimmigkeit“ im Sinne von „Allseitigkeit“ verstanden wird, entspricht das einem verbreiteten Verständnis. Hiernach soll eine Einstimmigkeitsklausel dahin auszulegen sein, dass dem (Satzungsänderungs-)Beschluss sämtliche Gesellschafter zuzustimmen haben, dass die in der Versammlung nicht erschienenen und nicht vertretenen Gesellschafter die Zustimmung aber auch außerhalb der Versammlung erteilen können.[135]

Andere sehen es gerade umgekehrt: Im Regelfall sei anzunehmen, dass

134 BGH NJW-RR 1990, 99 (zur Geschäftsführerabberufung); ebenso etwa *Scholz/K. Schmidt*, § 47 Rn. 8; MüKo-GmbHG/*Harbarth*, § 53 Rn. 125; vgl. auch BGH NZG 2011, 1142, 1143 Tz. 12.

135 Großkomm-GmbHG/*Ulmer*, § 53 Rn. 93: Gleiches gelte für die Klausel über die Unabänderlichkeit der Satzung; ebenso wohl *Scholz/Priester*, § 53 Rn. 88; zur Abgabe außerhalb der Gesellschafterversammlung auch OLG Hamm BeckRS 2016, 03149, Tz. 22.

der Beschluss nur zustande komme, wenn alle beschlussbeteiligten Gesellschafter mit Ja stimmten.[136] Sind tatsächlich die Ja-Stimmen sämtlicher Gesellschafter vorgeschrieben, stellt sich laut *Hüffer/Schürnbrand*[137] die Zusatzfrage, ob sämtliche Stimmen in der Gesellschafterversammlung abzugeben sind. § 180 AktG gebe dafür nichts her, da er die Zustimmung zu einem schon vorliegenden Beschluss betreffe, nicht die Zustimmung zu einem Antrag, die den Beschluss erst hervorbringen solle. Vielmehr müsse eine Satzungsklausel, die die Ja-Stimmen aller Gesellschafter verlange, zugleich als Zulassung kombinierter Beschlussfassung[138] auszulegen sein. Dies sei eine Frage des Einzelfalls und eher zu verneinen.

Im Kontext der GmbH-Satzung wird das engere Verständnis von „Einstimmigkeit" dem Wortsinn m. E. besser gerecht. Der Begriff der Stimme verweist in das Beschlussrecht und die Einstimmigkeit auf die Einvernehmlichkeit der Entscheidung in Beschlussform. Dabei kommt es grds. nur auf die abgegebenen Stimmen an.

Soweit die Satzung tatsächlich die „Ja-Stimmen" sämtlicher Gesellschafter verlangt, dürfte damit m. E. regelmäßig die Zustimmung aller Gesellschafter *in der Gesellschafterversammlung* gemeint sein. Das ist nicht übertrieben formalistisch, wenn man auf die Rechtsfolge der verweigerten Zustimmung schaut. Verlangt man lediglich eine Ja-Stimme im Rahmen der Beschlussfassung und wird der Beschlussantrag trotz fehlender Ja-Stimme als angenommen festgestellt, so führt dies zur Anfechtbarkeit des Beschlusses. Wie aber lässt sich die Zustimmung einordnen, wenn sie sich (auch) auf den bereits gefassten Beschluss beziehen kann? Entweder ist sie Beschlussstimme außerhalb der Gesellschafterversammlung (dann wird die Frage der kombinierten Beschlussfassung relevant) oder sie ist Wirksamkeitsvoraussetzung des gefassten Beschlusses (vgl. oben B. III. 1. b]). Diese weiterreichenden Bedeutungen sollte man nicht als selbstverständlich unterstellen.

Sieht die Satzung freilich anstelle von „Ja-Stimmen" nur die „Zustimmung sämtlicher Gesellschafter" vor, so scheint der Wortlaut die Zustimmung außerhalb der Versammlung zuzulassen (vgl. auch § 53 Abs. 3 GmbHG: „kann nur mit Zustimmung sämtlicher beteiligter Gesellschafter beschlossen werden"; hier ist die Zustimmung außerhalb der Versammlung zulässig, vgl. oben B. III. 1. b] und 3.). Man sollte das Rechtsfolgenproblem

136 OLG Hamm NZG 1999, 599; Großkomm-GmbHG/*Hüffer/Schürnbrand*, § 47 Rn. 22; *Koppensteiner/Gruber*, in: Rowedder/Schmidt-Leithoff, § 47 Rn. 17; *Henssler/Strohn/Hillmann*, § 47 GmbHG Rn. 18.

137 Großkomm-GmbHG/*Hüffer/Schürnbrand*, § 47 Rn. 22.

138 Vgl. BGH NJW 2006, 2044; *Baumbach/Hueck/Zöllner*, § 48 Rn. 41 ff.

aber selbst hier bei der Auslegung mitbedenken.
Will man alle Auslegungsschwierigkeiten vermeiden, hilft nur eine eindeutig formulierte Satzungsklausel. Die gängigen Gestaltungen lassen die nötige Klarheit häufig vermissen.

Formulierungsvorschläge:

„Beschlüsse über Satzungsänderungen sind einstimmig zu fassen. Einstimmigkeit ist gegeben, wenn alle in der Gesellschafterversammlung abgegebenen Stimmen Ja-Stimmen sind."
„Beschlüsse über Satzungsänderungen bedürfen der Zustimmung sämtlicher Gesellschafter. Die Gesellschafter stimmen dem Beschluss mit einer Ja-Stimme zum Beschlussantrag zu, außerhalb der Gesellschafterversammlung durch Erklärung der Zustimmung zum Beschluss. Die Zustimmung außerhalb der Gesellschafterversammlung bedarf der Textform."

c) Einführung und Abschaffung erhöhter Quoren

Die Einführung eines erhöhten Quorums ist eine „normale" Satzungsänderung und bedarf nicht der Zustimmung sämtlicher Gesellschafter; mit ihr ist ein erhöhter Minderheitenschutz, grds. aber kein Eingriff in den Kernbereich der Mitgliedschaft verbunden.[139]

Nach wohl überwiegender Meinung verhält es sich anders, wenn erhöhte (Satzungsänderungs-)Quoren durch Satzungsänderung wieder herabgesetzt werden sollen: Dazu verlangt man die Mehrheit, die die zu ändernde Klausel vorschreibt, d. h. die Mehrheit, die es herabzusetzen gilt.[140] Der BGH hat die Frage in zwei Entscheidungen zur Publikums-KG (aber mit wahrscheinlich verbandsübergreifender Bedeutung[141]) tendenziell gegensätzlich beantwortet,[142] wenngleich nach eigenem Bekunden offengelassen[143]: Die

---

139 Großkomm-GmbHG/*Hüffer/Schürnbrand*, § 47 Rn. 21; MüKo-GmbHG/*Drescher*, § 47 Rn. 49; a.A. *Michalski/Römermann*, § 47 Rn. 562.

140 OLG Hamm BeckRS 2016, 03149, Tz. 22; MüKo-GmbHG/*Harbarth*, § 53 Rn. 126; Großkomm-GmbHG/*Ulmer*, § 53 Rn. 98; *Scholz/Priester*, § 53 Rn. 89; *ders.*, NZG 2013, 321; *Baumbach/Hueck/Fastrich*, § 53 Rn. 64: im Zweifel auch bei Änderung des erhöhten Mehrheitserfordernisses für einfache Beschlüsse; *Roth*, in: Roth/Altmeppen, § 53 Rn. 24; offen bzgl. AG BGH NJW 1980, 1465, 1466; anders bzgl. Vinkulierungsklausel („Einstimmigkeit") in der GmbH OLG Hamm NZG 2002, 783: ¾-Mehrheit ausreichend, da kein Sonderrecht betroffen.

141 Vgl. *Priester*, NZG 2013, 321, 322.

142 BGH NZG 2013, 57, 59 Tz. 23 f.; NZG 2013, 63 f. Tz. 12 f.

143 BGH NZG 2013, 57, 60 Tz. 27; NZG 2013, 63, 64 Tz. 16.

fraglichen Gesellschaftsverträge sahen für bestimmte Beschlussgegenstände – einschließlich der Gesellschaftsvertragsänderung – eine ¾-Mehrheit der „anwesenden Stimmen“ vor, daneben für die gleichen Beschlussgegenstände eine 9/10-Mehrheit bzw. „Einstimmigkeit“, wenn 75 % bzw. 90 % der Stimmen auf weniger als sechs Personen entfielen. Nach Ansicht des BGH kann die Regelung über die höhere Mehrheit in diesem Fall mit der ¾-Mehrheit aufgehoben werden, soweit die Voraussetzungen für ihre Anwendbarkeit im Zeitpunkt der Beschlussfassung nicht erfüllt sind und sich auch durch Auslegung nichts anderes ergibt. Für eine abweichende Auslegung hat der BGH im konkreten Fall keine Anhaltspunkte gefunden. Im Übrigen hätte laut BGH eine „Vorwirkung“ der Bestimmung über die höhere Mehrheit in der Publikumsgesellschaft zur Folge, dass die Satzungsänderung faktisch unmöglich würde.

Waren die „bestimmten Voraussetzungen“ der erhöhten Mehrheiten im Beschlusszeitpunkt auch nicht gegeben, so änderte dies doch m. E. nichts an der abstrakten Geltung der Satzungsregelung. Es ging also nicht bloß um eine vorwirkende Bestimmung, sondern um ein geltendes dynamisches Mehrheitserfordernis als Bestandteil der Verbandsverfassung. Dass das Mehrheitserfordernis vorgelagert an ein bestimmtes Beteiligungsverhältnis anknüpfte, nicht nachgelagert an einen bestimmten Beschlussgegenstand, bedeutet m. E. keinen Unterschied. Im einen wie im anderen Fall greift das Mehrheitserfordernis erst dann ein, wenn die Voraussetzungen zu seiner Anwendung gegeben sind.

Eine andere Frage ist, wie sich das erhöhte Mehrheitserfordernis bei der Absenkung oder Abschaffung materiell begründen lässt. Ein erhöhtes Quorum allein vermittelt noch kein Sonderrecht, denn es kommt allen Gesellschaftern gleichermaßen zugute;[144] dies gilt – anders als das OLG Hamm[145] meint – gerade dann, wenn die Zustimmung aller Gesellschafter verlangt wird. Dass im Übrigen die Absenkung einen Eingriff in den Kernbereich der Mitgliedschaft bedeutet,[146] erscheint mir nicht überzeugend.[147] Gewiss gehört das Stimmrecht zum Kernbereich und gewiss kann die Absenkung statutarischer Beschlussquoren das Stimmrecht des Gesellschafters faktisch entwerten. Das erhöhte Quorum ist aber eben nicht eine statutarisch oder gesetzlich gewährte Rechtsposition des Gesellschafters, sondern nur ein

144 Vgl. *Priester*, NZG 2013, 321, 322, 322.

145 OLG Hamm BeckRS 2016, 03149, Tz. 22.

146 Vgl. *Priester*, NZG 2013, 321, 324.

147 Dagegen Großkomm-GmbHG/*Hüffer/Schürnbrand*, § 47 Rn. 21; allgemein MüKo-GmbHG/*Drescher*, § 47 Rn. 49.

mittelbarer statutarischer Vorteil. Die Absenkung wirkt sich allenfalls mittelbar auf das Stimmrecht aus, und dagegen ist das Stimmrecht nicht geschützt. Greifen die Schranken der Mehrheitsmacht nicht ein, bleibt es (insoweit) eine reine Auslegungsfrage, ob das erhöhte Quorum zugleich für die Absenkung des Quorums gilt.[148]

Formulierungsvorschläge „Absenkung statutarischer Quoren“:

„Soweit in der Satzung Mehrheitserfordernisse festgelegt sind, die über die gesetzlich gebotenen Mehrheiten hinausgehen, können diese nur durch eine Satzungsänderung abgesenkt werden, die mit der abzusenkenden Mehrheit oder einer größeren Mehrheit beschlossen wird.“
„Soweit in der Satzung Mehrheitserfordernisse festgelegt sind, die über die gesetzlich gebotenen Mehrheiten hinausgehen, können diese durch Satzungsänderung mit einer Mehrheit von ¾ der abgegebenen Stimmen abgesenkt werden.“

d) Verstoß gegen geltendes erhöhtes Quorum

Soweit davon die Rede ist, dass der Verstoß gegen statutarische Mehrheitserfordernisse den Gesellschafterbeschluss „anders als bei den gesetzlichen Vorschriften“ nur anfechtbar mache,[149] ist dies missverständlich. Wenn der Beschluss infolge Beschlussfeststellung überhaupt anfechtbar ist (ansonsten nur allgemeine Feststellungsklage), kann man auch die Verfehlung der gesetzlichen Mehrheit nur im Wege der Anfechtungsklage geltend machen, nämlich als unberechtigte Feststellung der erforderlichen Mehrheit.[150]

2. Absenkung der Quoren

Eine Absenkung der gesetzlichen Quoren scheidet regelmäßig aus. Die qualifizierte Mehrheit bei Satzungsänderungen (vgl. § 53 Abs. 2 S. 1 GmbHG) und Umwandlungsbeschlüssen ist insoweit nicht dispositiv,[151] nur für den

---

148 So i.E. auch MüKo-GmbHG/*Drescher*, § 47 Rn. 52.
149 *Scholz/Priester*, § 53 Rn. 90.
150 Vgl. MüKo-GmbHG/*Harbarth*, § 53 Rn. 94; so auch *Scholz/Priester*, § 53 Rn. 85; anders für Satzungsänderungsbeschlüsse *Michalski/Hoffmann*, § 53 Rn. 68 f.
151 *Scholz/K. Schmidt*, § 47 Rn. 10; Großkomm-GmbHG/*Hüffer/Schürnbrand*, § 47 Rn. 24.

Auflösungsbeschluss (vgl. § 60 Abs. 1 Nr. 2 GmbHG) und Fortsetzungsbeschluss kann sie herabgesetzt werden.[152]

Die Absenkung der einfachen Mehrheit gem. § 47 Abs. 1 GmbHG erscheint bereits begrifflich ausgeschlossen, denn die einfache Mehrheit ist die kleinstmögliche (absolute) Mehrheit.[153] Allerdings darf die Satzung bei Wahlen zur Organbesetzung, also bei der Abstimmung über Personen, auf die relative Mehrheit abstellen.[154] Hinsichtlich der Auflösung kann die Satzung der Minderheit ein Kündigungsrecht mit Auflösungsfolge i. S. d. § 60 Abs. 2 GmbHG einräumen. Hierin liegt formal keine Absenkung des Mehrheitserfordernisses, von der Wirkung her aber schon.[155] Soweit die Absenkung gesetzlicher Quoren zulässig ist, bedarf sie als Satzungsänderung jedenfalls der ¾-Mehrheit gem. § 53 Abs. 2 S. 1 GmbHG.

Wenngleich sich die Absenkung der Mindestquoren regelmäßig verbietet, ist die Satzungsautonomie nur vordergründig eingeschränkt. Durch Stichentscheide, Mehrstimmrechte und stimmrechtslose Geschäftsanteile kann man mittelbar das erreichen, was eine Quorenabsenkung bewirken würde. Letztlich lässt sich auch das sog. Majorisierungsverbot (hier im Sinne einer Entscheidung der Minderheit gegen die Mehrheit[156]) durch Gestaltung überwinden. Zu diesen Möglichkeiten s. den nächsten Punkt.

II. Modifikation des Stimmrechts

Die nun zu erörternden Gestaltungen knüpfen nicht an das Mehrheitserfordernis an, sondern vorgelagert an die Stimme des Gesellschafters. Sie ist die Einheit oder „Rechengröße“, aus der sich die Beschlussmehrheit konstituiert. Die Gestaltungsmöglichkeiten sind vielfältig und kombinierbar; vorliegend sei nur das Grundsätzliche angesprochen.

---

152 Großkomm-GmbHG/*Hüffer/Schürnbrand*, § 47 Rn. 26: soweit Auflösung nicht zugleich Satzungsänderung ist, wie etwa bei Mindestbefristung; MüKo-GmbHG/*Drescher*, § 47 Rn. 52.

153 Vgl. Großkomm-GmbHG/*Hüffer/Schürnbrand*, § 47 Rn. 24.

154 Großkomm-GmbHG/*Hüffer/Schürnbrand*, § 47 Rn. 26; *Baumbach/Hueck/Zöllner*, § 47 Rn. 24.

155 Vgl. MüKo-GmbHG/*Berner*, § 60 Rn. 94.

156 *Scholz/K. Schmidt*, § 47 Rn. 10.

1. Stichentscheid

Die Satzung darf einem Gesellschafter das Recht zum Stichentscheid einräumen; seine Stimme gibt dann bei Stimmengleichheit den Ausschlag, mit der Folge, dass eine Mehrheit i. S. d. § 47 Abs. 1 GmbHG nicht erforderlich ist.[157] Als treuepflichtgebundenes Instrument zur Beseitigung von Pattsituationen ist der Stichentscheid grds. ein legitimes Mittel der Entscheidungsfindung. Eine weiterreichende Wirkung soll unzulässig sein: Gegen die zustande gekommene *Mehrheit* könne sich die Stimme eines Gesellschafters nicht durchsetzen (vgl. § 77 Abs. 1 S. 2 Hs. 2 AktG).[158] Diese Beschränkung lässt sich nur formal durch den Begriff der Mehrheit selbst rechtfertigen. Denn ein Mehrstimmrecht (s. nächsten Punkt) könnte genau das bewirken, was einem Stichentscheid versagt sein soll – mit dem formalen Unterschied, dass die Mehrstimmen bereits in die Berechnung der Mehrheit einbezogen würden.

Das Recht zum Stichentscheid wird man regelmäßig als Sonderrecht des Gesellschafters anzusehen haben.[159] Es ist eine besondere Entscheidungsbefugnis, die ihn vor anderen Gesellschaftern auszeichnet. Die Einführung dieser Befugnis durch Satzungsänderung geht mit einer Ungleichbehandlung der Mitgesellschafter einher und bedarf daher der Zustimmung sämtlicher nichtbegünstigter Gesellschafter.[160]

2. Mehrstimmrecht und verändertes Stimmgewicht

Gem. § 47 Abs. 2 GmbHG gewährt jeder Euro eines Geschäftsanteils eine Stimme. Wie bereits aus § 45 Abs. 2 GmbHG hervorgeht (s. oben vor I.), ist die Vorschrift jedoch satzungsdispositiv, selbst im Hinblick auf Satzungsänderungen.[161] So kann ein anderer Teilbetrag zugrunde gelegt oder

157 Vgl. *Scholz/K. Schmidt*, § 47 Rn. 10; MüKo-GmbHG/*Drescher*, § 47 Rn. 53; vgl. auch *Kallrath*, Notar 2014, 75, 76.

158 Großkomm-GmbHG/*Hüffer/Schürnbrand*, § 47 Rn. 25; *Henssler/Strohn/Hillmann*, § 47 GmbHG Rn. 19.

159 Vgl. *Roth*, in: Roth/Altmeppen, § 47 Rn. 8, § 45 Rn. 4a.

160 Vgl. MüKo-GmbHG/*Harbarth*, § 53 Rn. 179.

161 MüKo-GmbHG/*Drescher*, § 47 Rn. 124.

die Stimmkraft gänzlich von der Kapitalbeteiligung – hin zu einem Stimmrecht nach Köpfen – entkoppelt werden.[162] Insbesondere sind Mehrstimmrechte zugunsten einzelner Geschäftsanteile oder Gesellschafter erlaubt.[163] Gestaltungstechnisch lassen sie sich etwa in einer Klausel umsetzen, die die Zahl der Stimmen eines Gesellschafters oder Geschäftsanteils mit einem bestimmten Faktor multipliziert (vgl. unten).

Soweit das Stimmgewicht eines Gesellschafters unmittelbar verringert wird, dürfte die Satzungsänderung als Eingriff in den Kernbereich zustimmungsbedürftig sein, ebenso freilich, wenn das (erhöhte) Stimmgewicht ein statutarisches Sonderrecht gewährt. Für die Einführung von Mehrstimmrechten gilt das unter Ziff. 1 Gesagte entsprechend: Sie geht mit einer zustimmungsbedürftigen Ungleichbehandlung der nichtbegünstigten Gesellschafter einher. Der mittelbare Eingriff in das Stimmrecht der Übrigen – durch Verwässerung ihrer Stimmkraft – bliebe irrelevant (vgl. oben B. III. 1. b] und C. I. 1. c]).

Formulierungsvorschlag „Mehrstimmrecht“:[164]

„Jeder Euro der Geschäftsanteile Nr. 1 bis 10 (Gattung A) gewährt zwei Stimmen. Jeder Euro der Geschäftsanteile Nr. 11 bis 20 (Gattung B) gewährt eine Stimme.“

3. Stimmrechtsloser Geschäftsanteil

Schließlich können bestimmte Geschäftsanteile ihrer Stimmen gänzlich entkleidet, also durch Satzungsregel stimmrechtslos „gestellt“ werden. Die Zulässigkeit des stimmrechtslosen Geschäftsanteils ist seit langem anerkannt.[165] Der BGH hat sie in seiner grundlegenden Entscheidung von 1954 im Wesentlichen mit der weitgehenden Satzungsautonomie der Gesellschafter und der Dispositivität des § 47 Abs. 2 GmbHG begründet.[166] Er hat

---

162 MüKo-GmbHG/*Drescher*, § 47 Rn. 124.

163 BayObLG DNotZ 1986, 373, 375 f.; *Scholz/K. Schmidt*, § 47 Rn. 11; vgl. auch zur Schaffung von Sperrminoritäten, um abhängige Beschäftigung zu verhindern (§ 7 SGB IV): Gutachten DNotI-Report 2015, 92, ferner BSG BeckRS 2016, 66640, wonach Stimmbindungsvertrag nicht genügt.

164 Vgl. auch *Kallrath*, Notar 2014, 75, 76, und *Seibt*, in: Münchener Anwaltshandbuch GmbH-Recht, 3. Aufl. 2014, § 2 Rn. 143.

165 BGH GmbHR 1954, 125; vgl. auch RGZ 167, 65, 73 und *Schneider*, GmbHR 1954, 125.

166 BGH GmbHR 1954, 125.

sogar den kumulativen Ausschluss von Stimm- *und* Gewinnrecht zugelassen, solange dem Gesellschafter die Beteiligung am Liquidationserlös, das Recht zur Teilnahme an der Gesellschafterversammlung, auf Auskunft und Einsicht in die Geschäftsbücher und zur Anfechtung von Gesellschafterbeschlüssen verbleiben.

Eingehend untersucht – und bejaht – hat die Zulässigkeit des stimmrechtslosen Anteils *C. Schäfer.*[167] Die Argumente lassen sich vorliegend nur grob skizzieren: Vorwegnehmen kann man, dass der Ausschluss des Stimmrechts nicht das zwingende Zustimmungsrecht des Gesellschafters i. S. d. § 53 Abs. 3 GmbHG und der Kernbereichslehre betrifft. Dieses bleibe ihm als zentrales und unverzichtbares Recht erhalten.[168] Aus dem Wesen der Gesellschaft oder Mitgliedschaft lasse sich die Unzulässigkeit des stimmrechtslosen Anteils nicht herleiten (vgl. § 139 Abs. 2 AktG), ebenso wenig aus dem Abspaltungsverbot, das nur die Verteilung der Mitgliedschaft auf verschiedene Rechtsträger betreffe.[169] Positiv zeige das Gesetz durch Zulassung der Mehrheitsentscheidung in Grundlagenfragen (vgl. § 53 Abs. 2 S. 1 GmbHG), dass nicht alle Gesellschafter tatsächlich Einfluss auf Gesellschaftsentscheidungen haben müssten.[170] Im Übrigen sei eine Beschränkung des stimmrechtslosen Stammkapitals entsprechend dem Aktienrecht (§ 139 Abs. 2 AktG: 50 %) nicht angezeigt, denn das Verhältnis zwischen Kapitalbeteiligung und Stimmanteil sei im GmbH-Recht generell nicht reglementiert (vgl. dagegen § 12 Abs. 2 AktG, der sogar Mehrstimmrechte verbietet).[171] Ein Gewinnvorzug als Ausgleich müsse dem stimmrechtslosen Gesellschafter nicht gewährt werden; § 139 Abs. 1 AktG enthalte kein zwingendes verbandsrechtliches Schutzprinzip, sondern sei kapitalmarktrechtlich motiviert.[172] Der historische Gesetzgeber wollte die Aktie durch den Gewinnvorzug für Kleinanleger attraktiver machen.

Die Schaffung des stimmrechtslosen Anteils ist die radikalste „Modifikation" des Stimmrechts und bedeutet nichts anderes als die Abschaffung des Stimmrechts. Sie kann zur Konsequenz haben, dass das Mehrheitsprinzip

---

167 *C. Schäfer*, Der stimmrechtslose GmbH-Geschäftsanteil, S. 35 ff.; *ders.*, GmbHR 1998, 113, 168.

168 *C. Schäfer*, GmbHR 1998, 113, 115.

169 *C. Schäfer*, GmbHR 1998, 113, 115 f.; *ders.*, Der stimmrechtslose GmbH-Geschäftsanteil, S. 66 ff., 83 ff.

170 *C. Schäfer*, GmbHR 1998, 113, 116 f.; *ders.*, Der stimmrechtslose GmbH-Geschäftsanteil, S. 88 f.

171 *C. Schäfer*, GmbHR 1998, 113, 117; *ders.*, Der stimmrechtslose GmbH-Geschäftsanteil, S. 106 ff.

172 *C. Schäfer*, GmbHR 1998, 113, 118 f.; *ders.*, Der stimmrechtslose GmbH-Geschäftsanteil, S. 137 ff.

auch in der Mehrpersonengesellschaft seine Funktionen völlig einbüßt. Wenn alle Geschäftsanteile bis auf einen ohne Stimmrecht sind, ist das Mehrheitsprinzip weder eine Erleichterung noch ein Korrektiv. Wo es nur noch einen Stimmberechtigten gibt, lässt sich ein Beschluss ohne Weiteres durchsetzen und kommt es auf die relative Beschlussrichtigkeit, gemessen an einer Mindestzustimmung, nicht mehr an. Dennoch ist der wohl h. M. zuzustimmen und die Statuierung stimmrechtsloser Anteile ohne Beschränkung zuzulassen. Dem Gesetz lässt sich konkret weder ein Verbot noch eine Beschränkung entnehmen, es nimmt im Gegenteil durch das Mehrheitsprinzip selbst Grundlagenentscheidungen ohne Rücksicht auf den einzelnen Stimmrechtsinhaber in Kauf. Im Übrigen bleibt es dann bei der Satzungsautonomie und den oben erörterten Schranken[173] einer jeden beschlussförmigen Entscheidung. Diese Schranken schützen den stimmrechtslosen Gesellschafter nicht weniger als im Falle anderer statutarischer Modifikationen.

Gestalterisch lassen sich stimmrechtslose Geschäftsanteile leicht umsetzen. So kann die Satzung schlicht feststellen, dass bestimmte Geschäftsanteile (bezeichnet durch Nummer und evtl. durch Gattungszugehörigkeit) oder die Geschäftsanteile eines bestimmten Gesellschafters kein Stimmrecht gewähren (vgl. unten). Der „materielle" Bestimmtheitsgrundsatz gilt nach zutreffender Ansicht nicht: Die Klausel muss also den Kreis der erfassten (Grundlagen-)Entscheidungen nicht besonders konkretisieren.[174] Für eine restriktive Auslegung finden sich im GmbH-Recht keine Anhaltspunkte, insbesondere steht die Auslegung nicht im Dienste des Minderheitenschutzes.[175]

Die Satzungsänderung zur Einführung stimmrechtsloser Anteile bedarf der Zustimmung des betroffenen Gesellschafters, denn sie beseitigt das Stimmrecht als relativ unentziehbares Recht.[176]

Formulierungsvorschläge „stimmrechtsloser Anteil": [177]

„Die Geschäftsanteile der Gattung C (Geschäftsanteile Nr. 21 bis 30) gewähren kein Stimmrecht."

[Kombination mit Mehrstimmrecht] *„Jeder Euro der Geschäftsanteile*

---

173 Vgl. *Scholz/K. Schmidt*, § 47 Rn. 10 a.E.; *C. Schäfer*, GmbHR 1998, 168.

174 *C. Schäfer*, GmbHR 1998, 113, 117 f.; *ders.*, Der stimmrechtslose GmbH-Geschäftsanteil, S. 117 ff. Vgl. im Übrigen Fn. 36.

175 *C. Schäfer*, GmbHR 1998, 113, 118; *ders.*, Der stimmrechtslose GmbH-Geschäftsanteil, S. 129.

176 *Scholz/K. Schmidt*, § 47 Rn. 11; *C. Schäfer*, Der stimmrechtslose GmbH-Geschäftsanteil, S. 4.

177 Vgl. *C. Schäfer*, GmbHR 1998, 113, 114; s. auch *Lohr*, GmbH-StB 2007, 387, 388.

Nr. 1 bis 10 (Gattung A) gewährt zwei Stimmen. Jeder Euro der Geschäftsanteile Nr. 11 bis 20 (Gattung B) gewährt eine Stimme. Die Geschäftsanteile der Gattung C (Geschäftsanteile Nr. 21 bis 30) gewähren kein Stimmrecht.“

III. Einzelzustimmung und Veto

Wie oben gesehen (B. III. 1. b], C. I. 1. b]), ist dogmatisch zwischen der Zustimmung im Rahmen der Beschlussfassung und der Zustimmung zum Beschluss als solchem („Einzelzustimmung“) zu unterscheiden. Die herauf- oder herabgesetzten Quoren und Stimmrechtsmodifizierungen betreffen die Beschlussfassung, also das Zustandekommen des Beschlusses. Die Gestaltung kann aber auch an den Beschluss als solchen anknüpfen, so durch besondere statutarische Zustimmungserfordernisse jenseits der gesetzlich gebotenen, etwa bei Satzungsänderungen.[178] Sie gewähren ein Sonderrecht, soweit sie einzelnen Gesellschaftern zugutekommen. In ihrer Wirkung entsprechen sie gesetzlichen Zustimmungserfordernissen: Als Zustimmung zum Beschluss selbst sind sie Voraussetzung für dessen Wirksamkeit.[179]

Anstelle des Zustimmungsrechts kann die Satzung das (schwächere) Vetorecht eines Gesellschafters vorsehen. Es hat zur Folge, dass der Beschluss gegen den Widerspruch des Vetoberechtigten nicht wirksam wird.[180]

IV. Fazit

Durch Satzungsklauseln lassen sich nicht nur die Mehrheiten der §§ 47 und 53 GmbHG verändern. Vielmehr lässt sich durch Gestaltung auf der vorgelagerten Ebene des Stimmrechts das Mehrheitsprinzip auch indirekt modifizieren oder sogar „auf den Kopf stellen“: Die (Kapital-)Mehrheit kann zur (Stimmen-)Minderheit werden. Mehrheit und Minderheit erweisen sich insoweit als höchst relative, „formale“ Begriffe. Sind alle Geschäftsanteile bis auf einen stimmrechtslos gestellt, büßt das Mehrheitsprinzip seine Funktionen völlig ein.

---

178 Großkomm-GmbHG/*Ulmer*, § 53 Rn. 94; *Scholz/Priester*, § 53 Rn. 88.

179 Vgl. OLG Hamm BeckRS 2016, 03149, Tz. 23; MüKo-GmbHG/*Harbarth*, § 53 Rn. 127.

180 Vgl. Großkomm-GmbHG/*Hüffer/Schürnbrand*, § 47 Rn. 27; *Scholz/K. Schmidt*, § 47 Rn. 12; zur Treuepflichtbindung in diesem Fall OLG Stuttgart NZG 2000, 490.

Modifikationen des Stimmrechts sind im Grunde schrankenlos möglich. Soweit sie unmittelbar in das Stimmrecht als Kernbereichsrecht eingreifen, bedürfen sie der Zustimmung des betroffenen Gesellschafters. Im Übrigen greifen zum Schutz des benachteiligten Gesellschafters die verbleibenden absoluten Schranken ein. Stimmrecht und Mehrheitserfordernisse müssen diesen Schutz (Minderheitenschutz) nicht zwingend vermitteln. Ebenso wenig ist ein Majorisierungsverbot auf Beschlussebene notwendig.

Alle erörterten Modifikationen lassen sich gestalterisch gut umsetzen, terminologische Sorgfalt ist freilich geboten. Das Bestimmtheitsproblem im Sinne der (nunmehr überholten) personengesellschaftsrechtlichen Diskussion[181] hat im GmbH-Recht schon bisher keine große Rolle gespielt. Dies verwundert nicht, wenn man bedenkt, dass bereits das Gesetz Grundlagenentscheidungen einem pauschalen Quorum unterwirft. Zum Schutze der Minderheit ist inhaltliche Bestimmtheit nicht vonnöten, denn Minderheitenschutz ist durch andere Prinzipien gewährleistet.

Selbstverständlich kann die Gestaltung auch verstärkten Minderheitenschutz erstreben; Gestaltungsfreiheit ist in beide Richtungen gegeben. Erhöhte Beschlussquoren bis hin zur allseitigen Zustimmung (als statutarisch verankertes Kopfprinzip) sind ebenso denkbar wie Einzelzustimmungserfordernisse jenseits der Beschlussfassung.

D. Zusammenfassung

- Die Willensbildung in den privatrechtlichen Verbänden folgt dem Einstimmigkeitsprinzip oder dem Mehrheitsprinzip. Auch „Mehrheit“ ist ein Kriterium für „Beschlussrichtigkeit“. Mehrheitsentscheidungen sind aber naturgemäß leichter zu erreichen und dienen daher der Handlungs- und Wandlungsfähigkeit der Gesellschaft.
- In der GmbH regiert das Mehrheitsprinzip (§§ 47 Abs. 1, 53 Abs. 2 S. 1 GmbHG). Die Mehrheit beim Gesellschafterbeschluss bestimmt sich nicht nach Köpfen, sondern errechnet sich aus den abgegebenen Stimmen, die Stimmen richten sich nach der Kapitalbeteiligung. Darin wie im Mehrheitsprinzip selbst tritt ein kapitalistischer und korporativer Wesenszug der GmbH zutage.
- Notwendiges Korrektiv des Mehrheitsprinzips ist der Minderheitenschutz. Minderheit ist in der GmbH zunächst die Kapitalminderheit,

181 Vgl. BGH NJW 2015, 859; *C. Schäfer*, NZG 2014, 1401, 1402 f.

nicht die Personenminderheit, im weiteren Sinne aber auch der einzelne Gesellschafter mit seinen grundlegenden mitgliedschaftlichen Interessen. Minderheitenschutz zielt nicht auf stetigen Interessenausgleich, sondern korrigiert den Ausnahme- oder Einzelfall.

- Das Gesetz sorgt zunächst einmal für einen „schematischen" Minderheitenschutz durch qualifizierte Mehrheiten (etwa gem. § 53 Abs. 2 S. 1 GmbHG für Satzungsänderungen); nur ausnahmsweise verlangt es allseitige Zustimmung, so bei Änderung des Gesellschaftszwecks. Zu einer Umkehrung der Verhältnisse führen in bestimmten Fällen die gesetzlichen Stimmverbote (§ 47 Abs. 4 GmbHG): Sie können die Minderheit zur „tonangebenden Gruppe" machen.
- Im Übrigen hat sich ein System „starrer" und „beweglicher" Schranken ausgebildet. Als starr bezeichnet man Schranken, die an einen konkret umrissenen Tatbestand anknüpfen. So sind gewisse Mitgliedschaftsrechte von vornherein gegen jede Entziehung gefeit (etwa Recht zur Teilnahme an Gesellschafterversammlungen, zum Austritt aus wichtigem Grund, gesetzliche Minderheitenrechte). Andere Rechtspositionen lassen sich nur mit Zustimmung der betroffenen Gesellschafter entziehen. Es sind dies die „relativ unentziehbaren" Mitgliedschaftsrechte des Kernbereichs (Stimmrecht, Gewinnrecht, Anspruch auf Liquidationsquote und Abfindung) und die statutarischen Sonderrechte der Gesellschafter. Ebenfalls zustimmungsbedürftig ist die Vermehrung statutarischer Gesellschafterpflichten (§ 53 Abs. 3 GmbHG).
- Zustimmung ist in den letztgenannten Fällen die Einzelzustimmung des Gesellschafters. Sie ist zu unterscheiden von der Ja-Stimme im Rahmen der Beschlussfassung und bezieht sich auf den Beschluss als solchen. Ihr Fehlen hindert die Wirksamkeit des Beschlusses, begründet also nicht lediglich dessen Anfechtbarkeit.
- Die beweglichen Schranken ergänzen die starren Schranken durch Richtigkeitsgewähr und Minderheitenschutz im Einzelfall. Sie konkretisieren sich insbesondere im Gleichbehandlungsgrundsatz und in der gesellschafterlichen Treuepflicht. Der Gleichbehandlungsgrundsatz verbietet nur die willkürliche Ungleichbehandlung ohne sachliche Rechtfertigung. Die Treuepflicht gebietet nicht per se eine Stimmrechtsausübung im Gesellschaftsinteresse, verbietet aber jedenfalls eine eigennützige Entscheidung in uneigennützigen Angelegenheiten und die Verfolgung gesellschaftsfremder Interessen zum

Schaden der Mitgesellschafter. Verstöße gegen Gleichbehandlungsgrundsatz und Treuepflicht machen den Gesellschafterbeschluss anfechtbar.

- Auch Grundlagenentscheidungen tragen ihre Rechtfertigung regelmäßig in sich. Eine allgemeine materielle Beschlusskontrolle ist daher nur im Einzelfall angezeigt. Dabei werden im Wesentlichen die gleichen Kriterien anzulegen sein wie bei der Überprüfung einer Ungleichbehandlung oder eines Treuepflichtverstoßes (Beispiel Bezugsrechtsausschluss).
- Mehrheitsprinzip und Stimmkraft sind im GmbH-Recht der Gestaltung zugänglich; § 45 GmbHG stellt § 47 GmbHG unter den Vorbehalt abweichender Satzungsregelungen. Die „absoluten" Schranken zum Schutze der Minderheit lassen sich durch Gestaltung freilich nicht überwinden. Im Übrigen kann die Gestaltung auch verstärkten Minderheitenschutz erstreben, denn Gestaltungsfreiheit ist in beide Richtungen gegeben.
- Das Heraufsetzen gesetzlicher Mehrheiten ist gestattet. Allerdings spricht auch in der personalistischen GmbH keine Vermutung für das „Einstimmigkeitsprinzip". In der GmbH versteht sich „Einstimmigkeit" im Übrigen als beschlussbezogener Begriff, bedeutet also nicht Zustimmung sämtlicher Gesellschafter. Sieht die Satzung ohne Konkretisierung das Letztere vor, ist zu fragen, ob tatsächlich eine Einzelzustimmung als Wirksamkeitsvoraussetzung des Beschlusses gemeint ist.
- Ein erhöhtes Quorum vermittelt noch kein Sonderrecht. In der Absenkung eines solchen Quorums liegt auch kein Eingriff in den Kernbereich der Mitgliedschaft, denn das Stimmrecht ist dadurch nur mittelbar betroffen. Ob die Absenkung selbst der erhöhten Mehrheit bedarf, ist daher eine reine Auslegungsfrage.
- Eine Absenkung der gesetzlichen Quoren scheidet regelmäßig aus. Faktisch lässt sich das Gleiche jedoch durch Stichentscheide, Mehrstimmrechte und stimmrechtslose Geschäftsanteile erreichen. Solche Modifikationen auf der vorgelagerten Ebene des Stimmrechts unterfallen ebenfalls der Satzungsautonomie. Sogar gegen den radikalsten Schritt, die Schaffung stimmrechtsloser Geschäftsanteile (mit Zustimmung des betroffenen Gesellschafters), spricht nichts. Das GmbHG kennt zwar die unverzichtbare Einzelzustimmung, nicht aber die zwingende Mitwirkung am Gesellschafterbeschluss. Entscheidender ist der Minderheitenschutz, und dieser bleibt im Kern-

gehalt gewährleistet. Stimmrecht und Mehrheitserfordernisse müssen solchen Schutz nicht zwingend vermitteln. Ebenso wenig ist ein Majorisierungsverbot auf Beschlussebene notwendig.

- Durch Gestaltung auf der Ebene des Stimmrechts lässt sich das Mehrheitsprinzip indirekt modifizieren und sogar vollständig umwerten. Die (Kapital-)Mehrheit kann zur (Stimmen-)Minderheit werden. Mehrheit und Minderheit erweisen sich insoweit als höchst relative, „formale" Begriffe. Sind alle Geschäftsanteile bis auf einen stimmrechtslos gestellt, büßt das Mehrheitsprinzip auch in der Mehrpersonengesellschaft seine Funktionen völlig ein.

Zeitfracht Medien GmbH
Ferdinand-Jühlke-Straße 7
99095 Erfurt, Deutschland
produktsicherheit@kolibri360.de